RH
QUE DÁ LUCRO

Por que pessoas fazem a diferença nas empresas de sucesso?

Qual o motivo de se falar tanto nos investimentos em capital humano?

É mais um modismo?

O que explica a enorme procura por profissionais de RH nos últimos anos?

Como o RH influencia o crescimento e o lucro das organizações?

RH
QUE DÁ LUCRO

Wellington Maciel

Por que pessoas fazem a diferença nas empresas de sucesso?

Qual o motivo de se falar tanto nos investimentos em capital humano?

É mais um modismo?

O que explica a enorme procura por profissionais de RH nos últimos anos?

Como o RH influencia o crescimento e o lucro das organizações?

Copyright© 2011 by Wellington Maciel

Todos os direitos desta edição reservados à Qualitymark Editora Ltda.
É proibida a duplicação ou reprodução deste volume, ou parte do mesmo,
sob qualquer meio, sem autorização expressa da Editora.

Direção Editorial
SAIDUL RAHMAN MAHOMED
editor@qualitymark.com.br

Produção Editorial
EQUIPE QUALITYMARK
producao@qualitymark.com.br

Capa
Renato Martins e Laira Magalhães
Artes & Artistas

Editoração Eletrônica
K2 Design e Serviços Ltda.
atendimento@k2design.com.br

1ª Edição
2011

CIP-Brasil. Catalogação-na-fonte.
Sindicato Nacional dos Editores de Livro, RJ

M139r

Maciel, Wellington
    RH que dá lucro / Wellington Maciel. - Rio de Janeiro : Qualitymark Editora, 2011.
    168p. : 23 cm.
    Inclui bibliografia
    ISBN 978-85-7303-008-2
    1. Recursos humanos. 2. Liderança. 3. Grupos de trabalho - Administração. 4. Motivação no trabalho.
5. Eficiência organizacional. I Título.

11-3294.

CDD: 658.3
CDU: 005.95

2011
IMPRESSO NO BRASIL

Qualitymark Editora Ltda.
Rua Teixeira Júnior, 441
São Cristóvão - Fax: (21) 3295-9824
20921-405 – Rio de Janeiro – RJ

www.qualitymark.com.br
E-mail: quality@qualitymark.com.br
Tel: (21) 3295-9800 ou (21) 3094-8400
QualityPhone: 0800-0263311

Ao meu pai,
Albertino Alexandre Maciel,
modelo supremo de amor ao próximo.

"O que for a profundeza do teu ser, assim será teu desejo.
O que for o teu desejo, assim será a tua vontade.
O que for a tua vontade, assim serão teus atos.
O que forem teus atos, assim será teu destino."

Brihadaranyaka Upanishad IV, 4.5

Prefácio

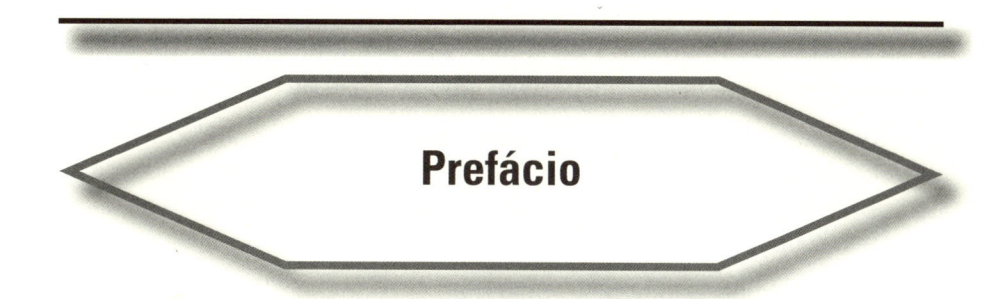

Em meus 34 anos de vida profissional em Recursos Humanos tive a oportunidade de vivenciar as várias fases do RH quando a área não passava do tradicional Departamento de Pessoal. Naquela época se respirava a censura e a falta de liberdade no Brasil.

É interessante perceber como a cultura do país tem relação direta com a cultura das organizações. No tempo da ditadura, as empresas não tinham foco no desenvolvimento das pessoas, em ambientes favoráveis à liberdade de ideias e inovações.

Para nossa felicidade, vivemos uma nova era nas empresas voltadas para o sucesso através das pessoas; essas contam com trabalhadores que são ouvidos, sabem exatamente o seu papel nos resultados do negócio, são respeitados e incentivados no seu desenvolvimento – assim, se sentem valorizados como seres humanos, e não como mais um recurso.

Do outro lado, as empresas buscam incansavelmente profissionais cada vez mais capazes de fazer frente a um mercado no qual consumidores são disputados palmo a palmo.

Este livro não tem a pretensão de ditar regras, nem é resultado de esforço de marketing pessoal. Posso afirmar que, conhecendo e tendo trabalhado com

Wellington, não tenho dúvida de que ele, mais uma vez, demonstra grandeza e desprendimento compartilhando com os leitores a sua larga experiência.

Aqui ele fala, de forma muito prática e direta, sobre programas que foram importantes para as empresas em que atuou, as quais puderam contar com o seu conhecimento e profissionalismo. Ele conta a história de sucesso de organizações que se transformaram por meio da visão de que o RH dá lucro.

É muito interessante conhecer como aconteceu o aumento do lucro da Coca-Cola Remil (Refrigerantes Minas Gerais) e da Coca-Cola Refrescos Guararapes (PE/PB), a partir da mudança do modelo de gestão, em que os recursos humanos eram os principais ativos.

Wellington, meu ex-diretor e agora grande amigo, declara que sua trajetória de sucesso profissional é fruto das orientações e exemplos recebidos em casa por seus pais e dos verdadeiros líderes com quem teve o privilégio de trabalhar. Lembra que tudo que aprendemos vem da fórmula: 70% seguindo-se um líder exemplar, 20% de coaching e feedback e somente 10% por treinamentos.

Como bom aprendiz, não só executou as orientações recebidas, como também aprimorou e compartilhou com os seus liderados toda a experiência adquirida, agregando inovações. A meu ver, uma de suas maiores virtudes é a firme crença na capacidade de transformar as pessoas através da educação, que funciona como mola propulsora para o crescimento do indivíduo, da organização e da sociedade.

Outra característica de Wellington é seu inconformismo com a injustiça e o protecionismo. Com certeza, esse incômodo é fruto dos valores aprendidos com o pai.

Não poderei também deixar de registrar mais uma de suas inúmeras virtudes: a crença de que todos os problemas podem ser resolvidos apenas seguindo-se os conceitos embutidos em três palavrinhas mágicas: Meta, Entusiasmo e Disciplina. "Como se pode ter sucesso se não se consegue ser pontual?" Essa é uma das suas perguntas favoritas.

O livro é muito agradável, e tenho a certeza de que todos sairemos melhores como pessoas e como profissionais após a sua leitura.

Sucesso!

Edsongil dos Santos
Gerente de RH da Coca-Cola Minas Gerais

Agradecimentos

Dizem que, em uma determinada ilha do Pacífico, quando você dá alguma coisa a alguém, automaticamente diz: "Obrigado por poder te dar isso."

Antes de tudo, agradeço à minha esposa, Bia. Com sua infinita paciência e paz de espírito, é uma das raras mulheres com quem consigo viver na mesma casa – acho que cada um deve ter o seu espaço, mas isso é assunto para outro livro...

Agradeço aos meus filhos, Nana e Guga. É engraçado, mas costumo dizer que eles são as "coisas" de que mais gosto nesta vida. Quando eram crianças, não entendiam por que eu os chamava de "coisas"... Eles são uma cópia aprimorada de mim, sem os meus defeitos.

A primeira pessoa que me incentivou a escrever um livro foi João Marcelo Ramires, meu ex-líder na Coca-Cola PE/PB (Refrescos Guararapes). Comandada por Ramires, a Guararapes saiu do vermelho em um ano, e, nesse período, se transformou em uma das melhores empresas para se trabalhar no Brasil e obteve os melhores resultados do sistema Coca-Cola do país. Nunca vi *turnaround* tão grande em uma empresa! Devo muito a Ramires, pela minha valorização como profissional e por me fazer entender como se faz para conectar pessoas a resultados. Iríamos escrever o livro juntos, mas Ramires, na época, foi transferido para a Coca-Cola de Cingapura e o seu tempo ficou ainda mais escasso.

Agora vêm as "comunicats", as jovens jornalistas Daniela e Érica, que me ajudaram a colocar no papel tudo que vivenciei nesses 30 anos de RH. A terceira "comunicat" é a Laira, craque em programação visual e responsável pela produção gráfica deste livro. Muitos jovens, eram estagiárias da Coca-Cola Minas Gerais (Remil) e hoje são participantes essenciais da área de Comunicação da empresa. Elas são a prova viva de que beleza e competência podem andar juntas.

Preciso agradecer a todas as pessoas com quem trabalho e trabalhei. Como eu aprendi com elas!

Tive chefes fantásticos e até hoje utilizo no meu dia a dia o que vivenciei com eles. Quero destacar algumas pessoas e dizer a elas que serei grato para sempre: Antônio Mateus da Silva Filho (Brahma Ceará), Edvard Ghirelli (Bompreço Recife), Antônio Carlos Lage Soares (Brahma Recife), Fernando Mota (Tecon Suape), Luiz Carlos Barboza (Kibon Recife), José Hernandez (Coca-Cola Divisão Brasil), Ricardo Botelho (Coca-Cola MG), Lizi Mara Guimarães (Brahma) e Marco Dalpozzo (Kibon).

Agradeço, enfim, a todas as pessoas e equipes com quem venho convivendo, e aos professores que contribuíram para esta minha jornada de aprendizado e crescimento. Para pelo menos um professor eu tenho o dever de gritar "muito obrigado!": Paulo Rosas, pioneiro da Psicologia em Pernambuco e no Brasil e um grande exemplo de sabedoria, sem perda da humildade. Paulo Rosas me ensinou tudo que sei sobre como utilizar os conhecimentos científicos na prática da cidadania.

Concluindo, agradeço ao "destino" a oportunidade de poder trabalhar com gente – sem o capital humano, as mais fantásticas máquinas e os melhores processos simplesmente não existiriam.

Um grande abraço a todos!

Wellington

Apresentação

"Por que este nome – **RH que dá lucro** – para um livro?" Não sei dizer quantas vezes essa pergunta foi feita a mim por empresários, amigos, colegas de trabalho, profissionais da área e tantas outras pessoas, quando eu contava que estava escrevendo um livro. Sei apenas que, antes de responder o porquê da escolha, costumava pensar sobre os motivos da pergunta. Primeiro, porque ainda existem vários tabus acerca de palavras como lucro, ambição, competitividade e tantas outras, e ao usar uma delas, em letras "garrafais", estampadas em um livro, poderiam atribuir a mim, no mínimo, o apelido de capitalista, "sem coração" e por aí vai. Mesmo que saibamos que é o lucro que justifica e torna possível que as empresas dividam com os seus funcionários os resultados conquistados e gerem riquezas; que a ambição tem, todos os dias, orientado excelentes profissionais e impulsionado as organizações na implementação de novas formas de atrair clientes; e que a competitividade é o que permite o crescimento das ofertas, o desenvolvimento de tecnologias e de produtos mais inovadores e cada vez mais atraentes para os consumidores, há quem ainda torça o nariz e se sinta desconfortável ao ouvir essas palavras.

Segundo (e, confesso, o que mais me incomoda): ainda é coisa de outro mundo falar que as áreas orientadas para a gestão de pessoas – os Recursos Humanos das organizações – são áreas estratégicas e pensantes das empresas. Hoje, o RH tem função estratégica e é coadjuvante no envolvimento de todos os funcionários com valores, metas e oportunidades de negócios, além de ser fundamental para o aumento do lucro das organizações.

A concepção que se tinha de que esse setor era responsável somente por folha de pagamento, controles burocráticos e outras demandas que pouco agregavam ao negócio caiu (faz tempo!) por terra. As estatísticas comprovam: as empresas que mais crescem no Brasil são aquelas que têm um modelo de gestão moderno, orientado para a motivação e instrumentalizado pelo RH. Isso quer dizer que a lucratividade delas se deve, em grande parte, às ferramentas disponíveis e aos programas de gestão oferecidos aos líderes e empregados que estejam alinhados aos resultados esperados pela organização e às necessidades das pessoas que estão envolvidas no dia a dia da empresa. É o que revelam os estudos do Great Place to Work Institute/FGV, ao comprovar que as empresas que mais investem em gestão de pessoas têm duas vezes mais rentabilidade e 15% de aumento no patrimônio líquido. Ou seja, gestão de pessoas e estratégias de negócios são indissociáveis e geram lucro.

Sem um ambiente de motivação, de desafios, de reconhecimento e de "empregabilidade" – onde as pessoas se sintam motivadas a superar expectativas, sejam reconhecidas, valorizadas e tenham a certeza de que estão se desenvolvendo, agregando valor, e também possam crescer –, aumenta consideravelmente o risco de boas empresas serem extintas do mapa. E estamos falando do mundo atual de competitividade, de lucro e de ambição e, também, de clientes mais exigentes. (Não demorou muito e já nos esbarramos novamente nas palavras "ruins".)

E, por fim, o último motivo que me vem à cabeça, quando perguntado sobre o nome do livro, é se o meu interlocutor está realmente interessado em saber de onde surgiu a ideia sobre o contexto e também a justificativa de escrever o livro. Para a minha felicidade, quase sempre, é esse o objetivo da pergunta.

Quando tive a ideia de escrever o livro, no réveillon de 2007, senti que precisava compartilhar todo o conhecimento acumulado nos 30 anos de profissão dedicados inteiramente à gestão de pessoas – de culturas, regiões e valores diferentes. O mesmo aprendizado que tornou possível criar ambientes de motivação e de sucesso e que trouxeram resultados reais para cada uma das organizações em que trabalhei.

Naqueles últimos instantes da chegada de 2008, enquanto percorria com os olhos a orla da praia de Boa Viagem, em Recife, e ouvia o espocar dos fogos, tive a certeza de que precisava escrever um livro inédito. Para sustentar aquela vontade, que foi se fundamentando aos poucos entre uma conversa e outra com amigos e colegas, fui conduzido pela necessidade de mostrar o impacto que os programas de RH focados em gestão de pessoas pode causar no lucro financeiro de empresas privadas e no "lucro social" de órgãos públicos. É o caso da Coca-Cola Minas Gerais (Remil) e de Pernambuco (Refrescos Guararapes), que aumentaram a rentabilidade em mais de 80% e receberam mais de dez prêmios de reconhecimento pela gestão inovadora. Isso apenas no período em que pude participar de programas simples e práticos, na condução de pessoas em busca de resultados.

Qualquer empresa pode aumentar rapidamente os seus lucros. Apresento apenas uma verdade atual e imprescindível às organizações que buscam o sucesso: a importância da gestão estratégica de pessoas. Para tal, não revelo um "segredo", uma "fórmula mágica", mas, sim, um modelo de administração que facilita a motivação e, consequentemente, alavanca o lucro das organizações. Isso decorre do envolvimento do RH nas estratégias das empresas e nos negócios, o que eu chamo de Modelo de Gestão.

Antes, você será convidado a passar por todos os capítulos e tópicos deste livro, que, além de promover uma fácil compreensão, vai prepará-lo para adotar novas ações e estabelecer os programas que deverão ser postos em prática na sua empresa.

No primeiro capítulo, compartilharei com você alguns exemplos de empresas que tiveram sucesso ao investir em recursos humanos. É o caso, por exemplo, da Coca-Cola (Pernambuco e Minas Gerais), Kibon e Bompreço Supermercados.

No segundo, destacarei a importância dos "modelos pessoais", dos exemplos, ou seja, profissionais reconhecidos ou pessoas simples que trazem consigo o diferencial de pensar, ver o mundo e orientar pessoas para a busca de resultados. São pais, professores, chefes e amigos que souberam entender a dinâmica das relações ou tiveram sensibilidade suficiente para promover ambientes de motivação e sucesso nas organizações.

O terceiro capítulo traz um pouco da história do RH, faz uma comparação entre o antigo e o atual papel deste setor nas organizações e a importância da atuação estratégica nas empresas.

Depois de passar pelos capítulos anteriores – que justificam o modelo que proponho, além de destacar a reorganização do RH na estrutura das empresas e a importância da formação do profissional que nelas vai atuar –, chego ao quarto capítulo. É nesse que descreverei, passo a passo, como aumentar o lucro da sua empresa, destacando estudos, processos e ferramentas necessários à gestão estratégica de pessoas.

No quinto capítulo, conversarei sobre as práticas que trazem em si a certeza do lucro, como a remuneração variável, a vivência no negócio, o crescimento profissional sistematizado, entre outros que trabalham a autoestima do funcionário e contribuem para um clima de motivação nas organizações.

E, por fim, comento erros meus e de outros, que me ensinaram a corrigir rumos e a errar menos. Assim, enumero alguns casos reais (obviamente, sem citar nomes) de atitudes, práticas e formas de atuar nas empresas, que significam, ou significaram, verdadeiros fracassos da gestão de pessoas.

Nestas páginas, você encontrará o que precisa para gerenciar equipes, estimular líderes e liderados e aumentar o lucro (financeiro ou social) de qualquer tipo de empresa, seja de pequeno, médio ou grande porte, industrial e comercial, familiar ou profissional. Além disso, saberá a importância dos "mestres" para a gestão de pessoas, acompanhará casos de sucesso e também de fracassos para aprender o "como não fazer". Este é o meu convite. Vamos caminhar por uma narrativa honesta, atualizada e totalmente possível de ser implantada. Hoje mesmo você já saberá como envolver, motivar e orientar **pessoas** para a busca de resultados.

Vamos lá!

Sumário

Apresentação, XI

Capítulo 1 – Aprendendo Com os Outros, 3

Capítulo 2 – Sucesso das Empresas que Investem em RH, 17

Capítulo 3 – RH Controlador *versus* RH Estratégico, 27

Capítulo 4 – Pense Positivo, mas Faça!, 39

    4.1 – Pai-trocínio, 41

    4.2 – A estratégia, 42

    4.3 – O diagnóstico, 44

    4.4 – Focos, 46

Capítulo 5 – A Parte Sem o Todo Não é Parte e o Todo Não é o Todo Sem a Soma das Partes, 51

    5.1 – Os campos de atuação, 54

Capítulo 6 – Políticas e Programas, 63

    6.1 – Políticas, 64

    6.2 – Programas, 65

Capítulo 7 – Práticas de Rentabilidade Certa, 83

7.1 – Mercado UAI, 97

7.2 – Células de trabalho, 98

7.3 – Quem sabe ensina, 99

7.4 – Treinamentos focados em vendas, 100

Capítulo 8 – Mensuração de Resultados em RH, 105

8.1 – Bons exemplos, 107

8.2 – Um conselho, 110

Capítulo 9 – Palavrinhas Mágicas, 115

Capítulo 10 – Aprenda com os Erros, 125

10.1 – Separar a vida pessoal e profissional, 125

10.2 – Não respeitar as culturas, 126

10.3 – Não pensar sistemicamente, 127

10.4 – Valorizar pouco a habilidade de relacionamento, 128

10.5 – Não acreditar no potencial de todos, 128

10.6 – Não conhecer dificuldades *in loco*, 129

10.7 – Acreditar no acaso, destino, dom..., 129

10.8 – Ter medo, 130

10.9 – Ser preconceituoso, 131

10.10 – Chamar empregados de colaboradores ou associados, 131

10.11 – Perder tempo com burocracia, 131

10.12 – Não pensar em lucro, 132

10.13 – Começar pelo fim, 132

10.14 – Querer mudar a empresa sem preparar líderes, 133

10.15 – Valorizar os *trainees* e esquecer as "pratas da casa", 133

10.16 – Achar que a empresa é uma grande família, 134

Conclusão, 139

Depoimento, 147

"Eu obtenho minhas ideias de outras empresas e outras pessoas."

Jack Welch

CAPÍTULO 1

Aprendendo Com os Outros

Há cerca de 30 anos, descobri o que queria realmente fazer da vida. Aventurei-me, em 1974, no curso de Engenharia de Minas, sob a influência da família, acreditando nas promessas do mercado. Mas fiquei apenas seis meses e larguei o curso. Além de não ter a mínima aptidão requerida para um curso técnico-matemático, sempre gostei mesmo foi da área humana – Psicologia, Sociologia, História, Antropologia... Posso dizer que esse é o marco da minha carreira, de onde começo realmente a contar sobre a minha experiência em gestão estratégica de pessoas.

Engraçado que, aos 25 anos, quando comecei a estudar Psicologia, não tinha a mínima noção do que iria mudar em mim e na minha forma de enxergar as relações interpessoais e os indivíduos. Não que eu ache que, para se ter sucesso na gestão de pessoas, seja primordial estudar Psicologia, mas, sim, que é necessário ter interesse em conhecer mais o ser humano nas suas diversas facetas. Até hoje me lembro de coisas que aprendi estudando o comportamento humano, a exemplo da linguagem do corpo e também dos desejos por trás dos atos. Hoje, posso identificar quando, em uma negociação simples, o meu interlocutor usa de mecanismos de defesa, por exemplo.

Sou mais atento a atos e atitudes. Assim como o gestor não pode se abster de entender e conhecer os seus liderados, o RH não se desgarra da Psicologia. A Psicologia está na maioria dos processos e no dia a dia. Desde as dinâmicas de seleção de pessoal às relações pessoais e profissionais.

E para saber como lidar com pessoas, implantar melhores práticas, turbinar o desempenho dos funcionários, criar ambientes de motivação e engajamento, não é necessário ficar quebrando a cabeça. Temos à nossa disposição pesquisas avançadas, práticas que trazem exemplos e depoimentos daqueles que têm sucesso e conseguiram atrair resultados para as suas empresas. Além disso, para que reinventar a roda? Todos nós conhecemos empresas-modelo, organizações onde a maioria dos brasileiros gostariam de trabalhar e dariam tudo apenas para ter o nome delas no currículo. Lugares onde resultados são compartilhados, onde é possível investir recursos, focar em gente e alocar capital nos projetos. Empresas que promovem clima de motivação entre os seus funcionários, remuneram com justiça e investem em atendimento ao cliente.

Diante disso, esta pode ser a hora certa de você fazer benchmarking, ou seja, vivenciar as práticas dessas organizações. Passar por todas as áreas estratégicas, anotar as melhores práticas, conhecer programas e ações, relacionar resultados ao que foi implantado, para, considerando a realidade e a cultura da sua empresa, identificar aquelas ações que podem ser adequadas e realizáveis.

Cerca de 40 dos 50 programas de gestão de que falarei mais adiante são atualmente desenvolvidos por grandes empresas reconhecidas pela excelência em administração de talentos, obviamente com diferenças inerentes às suas práticas e culturas, como a Natura, Serasa, Grupo Accor, Magazine Luiza e outros. O que elas têm em comum?

A preocupação em manter pessoas felizes, programas eficazes, equipes alinhadas e um sistema de gestão inovador.

Aí eu pergunto novamente: "Para que reinventar a roda?" Centenas de pessoas já dedicaram horas, investiram recursos, erraram, testaram e, por fim, acertaram para que hoje você pudesse ter o *know-how* do sucesso. Identifique os modelos, sejam eles organizacionais ou pessoais, e aprenda com eles. Faço minhas as palavras e as crenças do administrador mais bemsucedido das últimas gerações, Jack Welch: "Eu obtenho minhas ideias de outras empresas e de outras pessoas".

Eu tive a sorte de trabalhar em organizações-modelo e, também, de ter "gurus" pessoais e profissionais que me ensinaram como ser e como fazer. Verdadeiros mestres que sabem (ou souberam) como orientar pessoas na busca de resultados, sem se afastar da ética e da justiça. Mas, antes de começar a falar dos colegas, professores e chefes com quem convivi durante esses 30 anos de carreira, vou contar um pouco da história daquele que foi (e ainda é) um modelo de pessoa e referência para toda a minha família: o meu pai, Albertino Alexandre Maciel. Um brasileiro típico. Quem é esse brasileiro?

Veja o que diz o escritor e antropólogo Darcy Ribeiro:

"Nós, brasileiros, somos um povo mestiço na carne e no espírito, já que aqui a mestiçagem jamais foi crime ou pecado. Nela fomos feitos e ainda continuamos nos fazendo. Essa massa de nativos viveu por séculos sem consciência de si... Assim foi até se definir como uma nova identidade étnico-nacional, a de brasileiros..."

Vivenciando modelos, vamos crescendo como pessoas.

Albertino Alexandre Maciel

Nascido no interior do Ceará, na cidade de Aurora, meu pai seguiu o destino de milhares de crianças da época que, fugindo da seca e da fome em casa, iam morar com parentes ou em instituições que ofereciam, pelo menos, o que comer todos os dias. Era uma escolha dolorosa para as famílias que tinham de optar em continuar com os filhos na pobreza ou abrir mão da convivência deles.

Aos 11 anos de idade, meu pai foi levado ao seminário da Prainha, em Fortaleza. Lá, ele tinha acesso ao mínimo necessário, à higiene e à alimentação. Ele costumava contar o "caso" da pequena barra de sabão que todas as crianças recebiam e tinham de dividir, primeiramente, em duas metades. Uma para ser usada durante o banho e a outra metade novamente dividida em duas, para lavar as mãos e escovar os dentes. Ainda na casa dos seus pais, em Aurora, de forma semelhante ao que faziam com a barra de sabão, também dividiam a pouca comida. Uma única tigela e colher de madeira passavam de mão em mão, para que cada um pudesse se alimentar um pouco. Com essas experiências, ele aprendeu a importância da divisão e da ajuda, assim como o valor das pequenas coisas e dos detalhes.

Ainda adolescente, um noviço, ele deixou o seminário e a ideia de ser padre, depois que o padre Cícero Romão Batista, o santo dos nordestinos, o aconselhou a não seguir a batina. Mas, além dos amigos, o seminário lhe proporcionou o que mais de valioso teve: os estudos. Além, é claro, da paixão pela Filosofia e Teologia e o interesse por outras línguas. Sabia falar grego, latim e francês e, mais tarde, formou-se em Filosofia e Sociologia. Começou a trabalhar no Loide Brasileiro, companhia de navegação estatal.

Dando aulas em colégios, ganhando pouco, conheceu a minha mãe, Veriana Dantas Maciel, e conseguiu sustentar seus sete filhos. Não nos deu uma vida de luxo, mas, sim, condições de estudar nos melhores colégios do Recife e de ver o mundo com os olhos da justiça social. Uma das suas falas recorrentes era sobre a importância de vermos as pessoas com respeito e, melhor, com potencial e capacidade de sucesso. Para ele, o que diferenciava uma pessoa da outra eram as aptidões que poderiam ser mais ou menos fortes, e notadamente as suas atitudes. Perseguidor dessa verdade, ele investiu o seu tempo em conhecer e ensinar.

Não íamos para a mesa enquanto a nossa empregada doméstica não se sentasse conosco e se servisse primeiro. Acostumamo-nos a vê-lo dando aulas de Português, Matemática, Geografia e outras disciplinas, no terraço da nossa casa, para as pessoas pobres do bairro. Fazia tudo de graça, com muita dedicação.

Vicente Falconi, o pai da Qualidade brasileira, diz: "O conhecimento não tem dono, é inesgotável e cresce sempre. Basta que dê frutos". O meu pai sabia exatamente como podia contribuir para mudar a realidade daquelas pessoas.

Foi também com ele que aprendi a importância de ver a pessoa e não o cargo, o poder da intuição e do elogio. Como afirmou um dos mais conhecidos consultores de marketing motivacional, Rogério Caldas: "O elogio é o mais importante alimento da autoestima do ser humano". Um exemplo disso foi a ajuda que meu pai deu na Educação. Apenas pela atitude e pelos elogios, ele conseguiu despertar e desenvolver o melhor das suas aptidões.

Ele fazia exatamente o que nós, da área humana, aprendemos: a importância de admitir que somos exatamente aquilo que queremos ser, ou seja, anulamos a visão "engessada" de que não podemos mudar todos os dias e descobrir novos potenciais em nós mesmos.

Albertino Alexandre Maciel, meu pai, morreu aos 94 anos de causas naturais. Nunca teve um imóvel próprio, porque sempre deu tudo que tinha. "Conversava" com plantas e animais, ajudava e adorava as pessoas. Ele despertou em mim o interesse pelas Ciências Humanas.

Colegas, amigos e mestres

Argentina e Paulo Rosas

Como estudante de Psicologia, em 1977, no sexto período, estagiei durante um ano na Rede Ferroviária Federal (PE), onde desenvolvia Análise Profissiográfica e Ergonomia, novas áreas de estudo para a época. Infelizmente, havia muita burocracia – característica de empresas estatais – e a possibilidade de implantar novos projetos era nula. No último ano de faculdade, comecei a estagiar no mestrado em Psicologia Cognitiva da Universidade Federal de Pernambuco, onde estudava na graduação. Tive o privilégio de ter uma grande orientadora, a professora Argentina Rosas. Ela me apresentou ao marido, Paulo Rosas, e começamos a desenvolver atividades no mestrado, amparados pela bolsa de estudo do Conselho Nacional de Desenvolvimento Científico e Tecnológico (CNPq). Fundador dos cursos de Psicologia em Pernambuco e Ph.D. pela Universidade de Sorbonne, Paris, Paulo Rosas foi o maior exemplo de humildade que conheci. Um homem extraordinário, amigo dos alunos, foi colaborador do educador Paulo Freire. Infelizmente, não o temos mais entre nós, mas posso dizer que aprendi muito com ele sobre o verdadeiro caminho para a liderança. Como afirma um dos maiores especialistas em Gestão, Jim Collins: "Os líderes mais aceitos são modestos, mas determinados; humildes, mas corajosos".

Antônio Mateus da Silva Filho

Em 1980, fui aprovado no processo seletivo da Brahma, em Fortaleza, para psicólogo organizacional, vindo, depois de dois anos, a ser promovido a coordenador de Treinamento e Seleção. Na empresa, tive o prazer de ter um grande mestre: Antônio Mateus.

Gerente de Recursos Humanos, Mateus foi a pessoa que me ensinou a colocar na prática o que aprendi na universidade, ou seja, como usar a Psicologia Organizacional para que a empresa conquistasse um melhor ambiente de trabalho. Um verdadeiro coach e mentor, Mateus me apresentou o mundo das organizações e me indicou o caminho dos resultados para aquelas que visam ao lucro saudável. Além disso, com ele aprendi sobre os ritmos de cada empresa e a me relacionar, a fazer planos de trabalho e sempre validar os projetos de RH com os líderes da organização. Em Recursos Humanos, sem apoio da liderança, os projetos e programas simplesmente não acontecem. Qualquer novo projeto deve ser "vendido" e assimilado, desde os cargos operacionais aos de direção, por meio de suas chefias.

Lizi Mara Guimarães

Lizi Mara era a diretora de desenvolvimento da Brahma Brasil e tive a felicidade de conviver com ela por muitos anos – todos os meses, eu ia ao Rio (nessa época, a sede era na Av. Marquês de Sapucaí, onde hoje é o Sambódromo). Lizi era a pessoa mais atualizada em RH, dava show em práticas que somente anos depois se tornaram conhecidas no Brasil. Além disso, era uma pessoa doce, amiga, generosa, que perdoava todas as falhas de um psicólogo recém-formado. Sou agradecido a Lizi por tudo que me ensinou e pela sua infinita paciência.

Antonio Carlos Lage Soares

Antonio Carlos foi outro grande mentor com quem trabalhei nos anos 80, em Recife. Diretor-geral da Brahma do Nordeste, é lembrado por sua visão única e inovadora de negócios. Antonio Carlos sabia como criar ambientes motivacionais. Não foi à toa que a Brahma Nordeste teve um sucesso estrondoso durante o tempo em que ele esteve à frente da empresa. Com um jeito entusiasmado e animador, adorava criar novas formas de conectar pessoas a resultados. Entendia que, para ter sucesso na gestão, era necessário envolver os funcionários e celebrar as conquistas. Sabia exatamente o poder do elogio, da comemoração e de um ambiente feliz. Stephen Covey, autor do *best-seller* "Os 7 Hábitos das Pessoas Altamente Eficazes", afirma que "só é bom chefe quem sabe comemorar a vitória de um chefiado como se fosse sua. E, na verdade, é dele mesmo". Não tenho nenhuma dúvida sobre isso.

Edvard Ghirelli

Por não estar feliz na Brahma, fui trabalhar na Vilejack – indústria de exportação de calças jeans –, onde, durante oito meses, implantei a área de Recursos Humanos. Após esse período, fui contratado pelo grupo Bompreço do Recife (atualmente, uma empresa Wal Mart) como chefe de Seleção, tendo sob minha responsabilidade a condução do processo de preenchimento de até 400 vagas por mês (!!!), atendendo a dezenas de supermercados no Brasil inteiro. Após dois anos, fui promovido a supervisor de filiais e coligadas com a responsabilidade de fazer a integração das ações de RH nas unidades Bompreço, espalhadas pelo Brasil. Assim, conheci o diretor de Recursos Humanos e professor universitário Edvard Ghirelli, um paulista que trouxe para a empresa muitos dos conhecimentos e estudos desenvolvidos no ambiente acadêmico. Sua atuação foi fundamental no grupo, ao apresentar a importância de associar a prática empresarial à pesquisa.

É incrível como Edvard Ghirelli estava tão à frente dos nossos tempos! Hoje em dia, muito se fala sobre o papel das organizações educadoras, no sentido de promoverem o conhecimento e estarem sempre fazendo esse intercâmbio entre a teoria e a prática, entre o acadêmico e o empresarial. O grande teórico Peter Senge destaca a importância de promover "espaços" de gestão de conhecimento para que as pessoas sejam estimuladas a se desenvolverem, agregando valor e novos conhecimentos à empresa: "As organizações que aprendem são aquelas nas quais as pessoas aprimoram continuamente suas capacidades para criar o futuro que realmente gostariam de ver surgir."

Luiz Carlos Barboza

Após a experiência no grupo Bompreço, fui chamado novamente para a Brahma de Pernambuco/Cabo, onde, como gerente de Recursos Humanos, fiquei por mais cinco anos. Uma mudança na gestão da Brahma fez com que eu saísse da empresa e iniciasse um trabalho de consultoria no Hospital de Olhos de Pernambuco. Como gerente, tinha novamente a missão de "organizar a casa" e fazer o RH acontecer.

Em 1992, saí do Hospital para ser gerente de RH na Kibon Nordeste. Outro destaque para um grande mestre: Luiz Carlos Barboza. Aprendi com ele a importância do corpo a corpo, de o RH ir até os setores para falar com as pessoas, conhecer as atividades, a rotina de trabalho e as ferramentas oferecidas.

Certo de que seria transferido para São Paulo, com algumas mudanças na administração da empresa, resolvi "pedir as contas", depois de seis anos. Mas ainda continuei como consultor da Kibon para fazer a transição da administração de RH do Nordeste para São Paulo, uma vez que a empresa havia concentrado no Sul toda a sua gestão.

Marco Dalpozzo

Italiano de nascimento, Marco foi diretor de RH da Kibon, e dele recebi todas as atenções quando eu fazia propostas de novos programas e ações de gestão, especialmente quando argumentava que o Brasil era grande demais para não termos programas regionalizados. Marco foi um mestre que me ensinou demais sobre a integração dos programas. Ele insistia que nada deveria ser feito se não tivesse repercussão em toda a cadeia de gestão. Sinto muitas saudades dessa época. A Kibon foi uma escola, um maravilhoso lugar para se trabalhar, e Marco era o meu guru. Fico feliz em saber que ele continua fazendo muito sucesso nas empresas em que atua.

Fernando Mota

Por um ano, trabalhei no porto de Suape/PE, para implantar a área de Recursos Humanos, após uma empresa das Filipinas (ICTSI/Tecon) ter ganho o direito de administrar o terminal de contêineres. Lá, tive um grande líder – Fernando Mota. Carismático e prático, não dava importância a nada que não agregasse valor aos resultados e ao relacionamento das equipes.

Em seguida, fui trabalhar em uma grande empresa de engenharia de Recife, a Moura Dubeux, onde fiquei por um ano.

João Marcelo Ramires

Ao receber um novo diretor-geral, João Marcelo Ramires, a Coca-Cola Pernambuco/Paraíba (Refrescos Guararapes) iniciou a seleção para gerente corporativo de RH. Participei do processo e "ganhei" a vaga. Um gênio da administração, Ramires me mostrou a influência real e o impacto da gestão de pessoas no lucro das organizações e o que o entusiasmo, a disciplina e a validação com as lideranças podem gerar de resultados para a empresa. E foi o que ele fez. Encontrou a empresa no "vermelho", e um ano depois, implantando um superplano de gestão, aumentou em 90% o lucro, simplesmente acreditando na filosofia de que "pessoas geram resultados". Assim, garantiu à Coca-Cola PE/PB um lugar entre as 150 melhores empresas para se trabalhar no Brasil, segundo as revistas Exame/Você S.A. Seu sucesso como gestor é tão intenso que hoje é o presidente da Coca-Cola do Japão, aos 38 anos. A gestão de Ramires traduz bem o que afirmou Peter Drucker: "Não se 'administram' pessoas, como se presumia anteriormente. Lideram-se pessoas. Para maximizar o desempenho delas, a solução é capitalizar sobre seus pontos fortes e seus conhecimentos, e não procurar forçá-las a adequar-se a modelos previamente definidos".

A ideia de se escrever um livro sobre o impacto da gestão de pessoas no lucro das organizações é de Ramires.

Ricardo Botelho Bicalho

Em agosto de 2005, fui transferido como diretor para a Coca-Cola MG (Refrigerantes Minas Gerais – Remil), o que me fez confirmar a visão sobre o impacto nos lucros por meio da liderança de pessoas. Ao vivenciar profissionalmente todas as culturas e ramos de negócios – Indústria, Comércio, Serviço, Transportes, Construção... – tive a certeza de que um único modelo de gestão pode ser adequado a qualquer organização.

Na Coca-Cola MG, tive a satisfação de conhecer Ricardo Botelho Bicalho, o diretor-geral da empresa. Botelho, um mineiro típico, muito discreto e afável, consegue gerenciar pessoas mantendo um clima de amizade, em que não se vê ninguém gritar com ninguém, e sempre alcança ótimos resultados. Por meio de uma gestão de confiança e transparência, mostra o caminho estratégico de forma humilde e com respeito a todos os envolvidos na organização.

José Hernandez

Esse venezuelano foi um dos maiores mestres que tive em termos de planejamento estratégico de RH. José foi vice-presidente de RH da Coca-Cola Brasil (hoje é o diretor mundial de RH do Wal Mart). Poucas pessoas são tão sábias como ele na habilidade de relacionamento e na enorme capacidade de nos fazer pensar grande a partir de práticas simples. José fez uma verdadeira revolução na Coca-Cola Brasil, por meio de programas que reforçaram a estratégia organizacional. Não por acaso, a Coca-Cola Brasil cresceu bastante e foi reconhecida como uma das três melhores operações do mundo no período em que ele esteve aqui.

Como veem, tive grandes mestres e pude aprender com todos. Esse fato foi decisivo na minha vida.

Palestrantes

São muitos os exemplos profissionais reconhecidos ou pessoas simples que trazem consigo o diferencial de pensar, ver o mundo e orientar pessoas para a busca de resultados. Não posso deixar de citar a classe de profissionais que considero essencial para as organizações: os "palestrantes motivacionais", como se diz popularmente. Interessante como eles conseguem chamar a atenção para pontos que nunca nos demos conta.

Mais do que isso, eles têm a incrível capacidade de mostrar o quanto somos responsáveis pelo rumo das nossas vidas. Falam sobre objetivos, metas, disciplina, entusiasmo, alegria de viver, felicidade, sentimentos e atitudes necessárias ao gestor e à organização. Por isso, sempre os incluí nos eventos de Recursos Humanos. Posso dizer que esse foi um dos meus acertos. Ao final da palestras, sempre recebi cumprimentos de pessoas que diziam estarem realmente tocadas com o conteúdo apresentado e dispostas a mudar.

Dos que conheci, três deles considero muito: Rogério Caldas, pela capacidade de associar a felicidade na vida pessoal com o sucesso profissional; Valdez Ludwig, que consegue dizer o essencial com muito humor; e, por fim, Luiz Marins, que apresenta, por meio de dados e pesquisas, a importância do planejamento e do trabalho em equipe.

Diante dos exemplos que existem no mercado e entre aqueles que listei, cabe a você encontrar a melhor forma de aprender, escutar, reproduzir e trazer os ensinamentos de líderes, palestrantes, professores, pesquisadores e estudiosos para o dia a dia da sua organização. Há, claro, os modelos para se copiar e outros, que também são úteis, para nos ensinar como não fazer.

Todos os meus mestres, colegas e amigos trazem consigo características comuns, que são verdadeiras receitas para o sucesso: valorizam o relacionamento com as pessoas; sabem a importância de se atualizar, de criar ambientes de motivação, de estudar; e têm humildade para avançar e também para recuar, de agir com justiça, clareza, entusiasmo e inovação.

Se você tem todas as características desses grandes líderes, parabéns! Mas se esse não é o seu caso, comece já a desenvolvê-las. Encontre e defina os seus modelos. Como diz o escritor Stephen Covey: "Não que comportamento e atitude não sejam importantes, mas as pessoas necessitam de mapas para saber como atuar".

Esta é a hora de você saber se está ou não no caminho certo, mas também de ter a chance de "abrir mão" dos velhos conceitos, de assumir novas posturas e de ir em busca do profissional de sucesso com que você tanto sonhou.

Nos próximos capítulos, mostrarei como você poderá ter uma empresa de sucesso, por meio da gestão de pessoas. Mas, antes disso, é importante que encontre em si mesmo esse profissional vencedor. Afinal, resultados são perseguidos e atraídos por pessoas. É você ou sua equipe que vai implantar os processos, convencer a direção sobre a própria eficácia, mobilizar e envolver os funcionários nesta nova proposta: construir as bases de um RH estratégico e de sucesso. Antes disso, convido-o para um passeio. Vem comigo?

"Se você quiser aumentar significativamente o lucro da sua empresa, invista nas pessoas que trabalham nela. Sem dúvida, os resultados virão!"

CAPÍTULO 2

Sucesso das Empresas que Investem em RH

É fato: algumas empresas tiveram um surpreendente aumento no lucro em pouco tempo. Se você é empresário, estudante ou profissional, deve estar se perguntando: qual a fórmula para conseguir esse resultado? Sinto informar que não existe uma fórmula pronta, mas um caminho, uma direção. Mesmo assim, não há um mapa que indique qual estrada você deve seguir, o que você deve fazer e quantos quilômetros vai percorrer para chegar ao seu objetivo. Ainda que o destino seja comum (o lucro), as organizações têm inúmeras opções para conseguir esse resultado. Elas podem resolver cortar caminho, seguir por uma estrada convencional, decidir parar e mudar de via ou escolher a estrada mais bonita e agradável. Como eu disse, as opções são muitas, mas neste livro vou descrever o caminho que segui para participar de times que tornaram as empresas mais rentáveis e foram consideradas pelos empregados como excelentes lugares para se trabalhar, a partir de programas focados na gestão de pessoas.

Primeiro, pensei aonde queria chegar e tracei um objetivo, uma meta. Como diz o escritor e consultor Roberto Shinyashiki:

"O caminhoneiro não deixa de viajar apesar das perspectivas de chuva. Nessa hora é preciso mais atenção; não perde o foco".

Depois, convidei algumas pessoas para fazerem o passeio comigo. Arrumamos as malas e pegamos a estrada mais breve, afinal, queríamos chegar logo ao nosso destino. Nosso carro não era o mais potente, não tínhamos muito dinheiro para gastar durante a viagem, e no trajeto encontramos vários desafios. Nas paradas, muitas pessoas diziam "ainda falta muito, acho que vocês não conseguirão chegar lá, ficarão cansados e desistirão da viagem". Quanto mais diziam isso, mais nos sentíamos motivados a continuar. E, à medida que avançávamos no caminho, mais nos surpreendíamos com as descobertas da estrada. Eram dias e noites pensando na melhor opção de caminho a seguir e vibrávamos quando descobríamos que havíamos feito a escolha certa. Então, era a hora de parar o carro em algum restaurante e fazer um brinde pela etapa cumprida.

As pessoas que encontrávamos no caminho eram receptivas e, à medida que avançávamos o trajeto, mais acreditavam que poderíamos chegar ao nosso destino. E esta era realmente a nossa sensação: que estávamos no caminho certo, com as pessoas certas e cada vez mais próximos do nosso destino. Isso dava ânimo para meus colegas que, algumas vezes, estavam cansados de tanto caminhar.

Mais alguns dias de viagem e estávamos lá: havíamos alcançado o nosso destino. E descobrimos que nosso maior desejo, na verdade, era continuar viajando, viajando, viajando... Gostávamos de pegar estrada, de encontrar novas pessoas, fazer amizades, admirar a paisagem, comemorar o que já havia sido conquistado e querer mais, sempre mais. Nosso espírito aventureiro acabou motivando outras pessoas a seguirem a viagem conosco. Eram novos companheiros, com histórias diferentes das nossas, mas que "compraram a ideia" e queriam seguir o nosso caminho. Com mais pessoas envolvidas, sentíamos-nos mais seguros e mais fortes para continuar a viagem. Assim, se acontecesse algum imprevisto, teríamos sempre uma equipe de apoio, pronta a nos ajudar.

Todos eram parceiros em busca do mesmo objetivo: a descoberta – uma busca sem fim. Sempre descobríamos novos lugares, novas pessoas, novos sentimentos, novos caminhos. Descobrimos que aquele era sempre o começo, talvez o meio, mas nunca o fim daquela viagem.

Será que, algum dia, estaríamos satisfeitos e cansados de viajar? Colocaríamos as bagagens no carro e pegaríamos o caminho de volta? Acredito que não, pois era justamente o prazer da viagem que nos movia. Tudo isso, é claro, se as pessoas estivessem motivadas, felizes e realizadas. Senão, de nada adiantaria continuar. Não é à toa que Jack Welch diz: "Sua obrigação é garantir que sua equipe se divirta – ao mesmo tempo em que produz".

E você quer arriscar um novo caminho? Quer ir em busca de um grande desafio? No mundo empresarial, a estrada é bem parecida. Muitas vezes, não será um caminho fácil, curto e tranquilo. Teremos sempre novos desafios, rumos diferentes, grandes decisões a tomar. O importante, seja na vida pessoal ou profissional, é ter *atitude*, uma das "palavrinhas mágicas" que vou comentar mais adiante neste livro. A atitude ajudará você ou sua empresa a conseguir atingir os seus planos, independentemente do tamanho e da dificuldade desse objetivo.

Você quer arrumar uma namorada (ou namorado), mudar de emprego, comprar um carro ou uma casa, ser promovido ou fazer sua empresa ter mais lucro? Se tiver atitude, além de meta, entusiasmo e disciplina, conseguirá. É essa a mensagem que tento passar para minha equipe, todos os dias, há cerca de trinta anos. Afinal, só assim vamos conseguir atingir nossos objetivos e aumentar o lucro das organizações. Então, voltamos à questão principal deste livro: o lucro.

Como eu posso utilizar essas palavrinhas mágicas (meta, entusiasmo e disciplina) para conseguir fazer minha empresa lucrar cada vez mais?

Assim como no planejamento de uma viagem, precisamos traçar um objetivo. Saber de que precisamos para começar e aonde queremos chegar. Este é o pontapé inicial da nossa partida: a nossa estratégia.

"Uma meta é algo tão valioso que você não deve responsabilizar outras pessoas pelo seu não atingimento. Que infelicidade chegar aos seus 40 ou 50 anos, olhar para trás e dizer: 'Queria ter realizado algo valoroso, mas meu chefe não deixou!' O atingimento de uma meta não aceita desculpas. Homens e mulheres são limitados, não por seu lugar de nascimento, nem pela cor da sua pele, mas pelo tamanho de sua meta. O que importa não é de onde você vem, mas para onde você vai."

(*Rogério Caldas*, consultor e palestrante*)*

Depois de traçar os objetivos, precisamos selecionar os companheiros de viagem. São aquelas pessoas que fazem a diferença, que entendem do negócio, que conhecem a organização e que se adaptam facilmente às mudanças, relacionam-se bem e são sempre disponíveis. Essas pessoas serão fundamentais para que você consiga pôr em prática ações e programas na sua empresa e fazê-la ter mais rentabilidade. Com as pessoas certas e o objetivo traçado, é hora de fazer o diagnóstico da organização. Tente ver a sua empresa como se fosse um observador, um visitante. Se for possível e se você achar necessário, contrate uma consultoria especializada para fazer um levantamento de informações. No entanto, na maioria das vezes, essa etapa é mais simples do que você pode imaginar. Pergunte para as pessoas: "De que você mais gosta na empresa?", "De que você não gosta?", "Quais as suas expectativas e o que você gostaria que fosse implantado aqui?", "O que devemos parar de fazer?" Isso já lhe trará um bom perfil dos desejos e das insatisfações dos seus funcionários.

Depois, mãos à obra! Venda a ideia para o líder número um da organização, o diretor, o presidente, o dono da empresa... Lembre-se de que você vai precisar do apoio dele para conseguir atingir os resultados esperados. Mas aí vem a pergunta mais difícil: como vou convencê-lo a investir em pessoas para ter mais lucro? Que argumentos vou utilizar? Para facilitar, dou-lhe alguns motivos, e o principal deles é: as empresas consideradas por seus funcionários como ótimos lugares para se trabalhar dão mais lucro. Isto está comprovado: os programas de RH focados em gestão de pessoas têm impacto direto no lucro das empresas. Estudos da Great Place to Work Institute/FGV comprovam que as empresas que mais investem em gestão de pessoas têm duas vezes mais rentabilidade e crescem em média 15% a mais no seu patrimônio. Outro importante argumento: uma pesquisa da Fundação Getúlio Vargas (FGV) mostrou que as pessoas que investiram em ações das melhores empresas para se trabalhar, nos últimos cinco anos, ganharam 2,7 vezes mais do que as que seguiram o índice Ibovespa.

Além disso, as empresas com bons ambientes de trabalho atraem grandes talentos. Lembra quando eu falei sobre os companheiros da viagem? São eles os principais responsáveis pelo sucesso de sua empresa. Eles vão identificar as oportunidades de mercado, inovar os processos, e, consequentemente, aumentarão a produtividade da empresa.

Quer outro bom argumento? Funcionários bem tratados tratam bem os clientes. E não são esses o motivo da existência da sua empresa? No mercado cada vez mais competitivo, aspectos simples, como o atendimento, estar atento a detalhes – saber o nome do cliente, por exemplo, e conhecer suas necessidades são diferenciais para fechar vendas e conseguir fregueses fiéis. Funcionários motivados, independentemente da área em que atuam na organização, falarão bem de sua empresa e, indiretamente, venderão os produtos e os serviços prestados por ela.

Fico aborrecido quando vejo funcionários de uma empresa consumindo produtos concorrentes e não os que ajudam a fabricar.

"Estou absolutamente convicto de que, se existe uma grande crise no varejo brasileiro, essa crise é espiritual. Falta determinação em vender, em vencer. É muita gente perdendo garra. Falta seriedade, falta projeto de vida, falta rumo, falta liderança. O ambiente de muitas lojas parece um funeral. A postura corporal e a expressão facial dos vendedores na linha de frente revelam carência. É preciso entender que, no varejo, carência afasta. Fique atento: quando o cliente percebe que o seu pessoal não está vendendo, ele também não compra. Se o seu vendedor irradia carência, o cliente se afasta. É muito cliente desencantado. Isso é incrível!" Se o depoimento de Rogério Caldas parece desanimador, preste atenção nas dicas de Anne Mulcahy, CEO da Xerox Corporation:

- Ouça o cliente, não delegue. Faça você mesmo. Um terço da agenda dos gestores deveria ser dedicada a visitar clientes.
- Invista, mesmo na hora mais difícil.
- Concentre todos os funcionários para atender bem o cliente.
- *One to one.*
- Entregue valor. Venda soluções aos clientes.
- Preste serviços acima das expectativas do cliente.

Agora voltamos a falar do poder de argumentação para o investimento na área de Recursos Humanos. Mais um bom motivo: pessoas estimuladas rendem mais. E não é isso que no fundo você quer?

Extrair as potencialidades dos funcionários e fazê-los dar o melhor de si é um dos grandes desafios dos gestores. Nas empresas onde trabalhei, como a Coca-Cola, Kibon e Bompreço, a gestão de pessoas foi essencial para elevar – e algumas vezes até duplicar – a rentabilidade. No caso da Coca-Cola, além de crescimento do lucro, essas empresas receberam mais de dez prêmios de reconhecimento pela gestão inovadora.

Após um ano de implantação de algumas políticas e ações de gestão, a Refrescos Guararapes, fabricante da Coca-Cola em Pernambuco, aumentou consideravelmente o seu faturamento, e a Remil, representante da marca em Minas Gerais, dobrou o lucro entre 2005 e 2007. Claro que não foram somente as ações de RH as responsáveis por isso, mas, com certeza, elas representaram um fator essencial. Nessas empresas, tive liberdade de atuação e apoio dos diretores-gerais, que acreditaram na gestão de pessoas como uma forma eficaz de se chegar aos resultados. Eles acreditaram no "RH que dá lucro". Por isso, o que vou apresentar neste livro são práticas comuns em organizações de sucesso.

Não conheço qualquer empresa que tenha tido grande crescimento de lucro, de longo prazo, sem seguir este *modelo de gestão* de RH, composto por oito campos de atuação: *Carreira, Cidadania, Comunicação, Educação, Inovação, Qualidade de Vida/Benefícios, Vivência do Negócio e Remuneração.* Posso afirmar-lhe que o dinheiro investido nessas ações tem retorno garantido. Alguns empresários e administradores acreditam que esse é mais um gasto, como tantos outros, sem retorno para a empresa. O que ocorre, na prática, é o contrário. Quanto mais se investe neste modelo de gestão de RH, maior será o impacto no lucro.

Algumas empresas que utilizam o modelo de gestão com ambiente interno de alta competição entre os empregados têm sucesso em um, dois, três anos, mas depois as práticas não têm sustentabilidade. Conheço empresas que abriram 13 franquias em um ano, uma por mês, com um sucesso absurdo. No ano seguinte, as treze unidades foram fechadas. Por que isso acontece? Porque elas não investiram em etapas essenciais para o sucesso de uma gestão de RH. Começaram pelo final.

Antes de pegar a estrada, o que você faz? Muitas pessoas responderão o seguinte: idealizo a viagem, faço uma análise do orçamento, decido para onde quero ir, convido alguns amigos e familiares, confiro se o veículo está em boas condições, arrumo as malas e sigo em frente! De fato, para ter boas recordações de um passeio, é importante dar atenção a alguns passos. Com eles, você vai minimizar (e muito!) os riscos de um acidente, um imprevisto ou uma decepção durante a viagem.

No dia a dia profissional, seguir etapas também é extremamente importante, senão você corre o risco de "meter os pés pelas mãos". A fim de facilitar o seu trabalho, dou o passo a passo para conseguir excelentes resultados em gestão de pessoas e, mais à frente, discuto os detalhes de cada ponto:

- ♦ 1º passo – *Estratégia:* qual o planejamento da empresa para os próximos anos?

SUCESSO DAS EMPRESAS QUE INVESTEM EM RH   23

- 2º passo – *Diagnóstico:* levante informações de todos os *stakeholders* (pessoas que têm relação com todos os processos da empresa).
- 3º passo – *Focos:* onde a empresa quer focar a sua estratégia?
- 4º passo – *Modelo de gestão:* os oito campos de atuação do "novo RH", que vão facilitar um ambiente motivador, conforme comentamos anteriormente.
- 5º passo – *Políticas:* quais são as regras do dia a dia?
- 6º passo – *Programas:* que ações e projetos sustentarão a estratégia e devem ser implantados?

As empresas que não tiveram sucesso certamente erraram em alguma dessas etapas. Seguindo esses passos, eu lhe garanto: há 99% de chance de seu negócio dar certo. Além disso, é importante ter um novo posicionamento da área de RH na estrutura da empresa, mensurar resultados, ter um bom clima organizacional, ter habitualidade nos programas e ações e evitar os modismos. Falaremos mais detalhadamente sobre isso nos próximos capítulos deste livro. Agora eu quero apenas mostrar-lhe como é simples implantar um modelo de gestão que garanta o sucesso.

Parece uma receita, não é? Um guia prático de como ter mais lucro a cada dia que passa: primeiro, misture os oito ingredientes fundamentais (campos de atuação, lembra?); depois, siga os passos corretamente, e pronto! Terá sucesso garantido. Mas não é só isso. Um bom gestor tem de ter sensibilidade, conhecer bem as pessoas e a organização. Enfim, conhecer a alma da empresa, sua cultura, seus valores e seus objetivos. E isso, definitivamente, não se aprende de um dia para o outro. Por isso é que as ações e os projetos de RH têm resultados sim, mas a médio e longo prazos. Não adianta investir hoje em educação e cultura e sonhar que no dia seguinte as pessoas estejam mais motivadas, felizes e produtivas. Com o tempo, elas vão perceber as mudanças e se adaptar. No entanto, é preciso ter agilidade. Afinal,

"a velocidade das mudanças não nos deixa tempo para nos acostumarmos a elas".

(Roberto Shinyashiki)

Por falar em mudanças, veja algumas dicas de Robert Levering, jornalista que há 25 anos iniciou pesquisas sobre as melhores companhias para se trabalhar e tornou-se referência mundial no assunto. Além disso, ele é fundador do Great Place to Work Institute e autor do projeto "100 Melhores Empresas para se Trabalhar".

"Mudando para melhor: as nove etapas que as companhias devem seguir para criar um bom ambiente de trabalho:

(Qualquer semelhança com o que já falamos até agora – e o que ainda abordaremos neste livro – não é mera coincidência...)

1) *Seleção:* selecionar pessoas com características compatíveis com a cultura da empresa.

2) *Recepção:* receber cada novo funcionário fazendo com que ele se sinta parte de um time.

3) *Sentido:* mostrar aos empregados que o trabalho deles tem um sentido dentro da organização.

4) *Comunicar:* nunca esconder a verdade dos funcionários, mesmo em situações difíceis.

5) *Ouvir:* as sugestões e as ideias que cada pessoa tem a oferecer devem ser ouvidas, sempre.

6) *Agradecer:* as contribuições dadas pelos funcionários devem ter reconhecimento.

7) *Comemorar:* o sucesso da companhia merece ser celebrado com os funcionários.

8) *Dividir:* os resultados positivos precisam ser divididos com os empregados, inclusive os lucros.

9) *Atender:* as questões familiares do funcionário devem ter atenção especial da empresa.

Bom, agora você já tem algumas opções de caminho. Uma ou outra que aprendeu durante a sua trajetória profissional, algumas indicadas por colegas e essa, que lhe mostrei brevemente: da gestão de pessoas. Se você quiser aumentar significativamente o lucro da sua empresa, invista nas pessoas que trabalham nela. Sem dúvida, os resultados virão!

Então, quer seguir viagem comigo? Está feito o convite! Nos próximos capítulos, você vai conhecer os detalhes da estrada que percorri e que me ajudou a contribuir para excelentes resultados para as empresas.

"O RH deve estar envolvido em todas as etapas e deve ser uma área 'pensante'. Costumo dizer que o RH saiu da cozinha e foi para a sala."

CAPÍTULO 3

RH Controlador *versus* RH Estratégico

Vamos continuar com o nosso plano de viagem: você tem um objetivo, já convidou algumas pessoas para irem com você, fez as malas e a vistoria do carro, agora só falta decidir como alcançar o destino. Que estrada eu vou seguir? Qual será o caminho mais fácil e curto? Qual será o mais seguro? Parece a etapa mais fácil, não é? Está enganado. Este é um passo fundamental, que vai garantir (ou não) o sucesso da sua viagem. Se não tiver as estratégias traçadas, o passeio será uma aventura para você e seus companheiros. Além disso, será sempre mais difícil saber os riscos e as oportunidades que vocês vão enfrentar pelo caminho.

Se você estiver de férias, ótimo. O bom humor vai ajudá-lo a resolver pequenos problemas e imprevistos da viagem. Agora, quando você está na empresa, com várias decisões para tomar no dia a dia, a falta de estratégia agrava um pouco a situação.

Portanto, pense e tente responder a estas perguntas: o que deseja para você, para seus filhos e para seus amigos? Onde quer estar daqui a dois, três, quatro anos? Aonde quer chegar? Talvez queira trocar de carro, reformar a casa, fazer um curso de especialização ou um intercâmbio no exterior. Pois é, pense nos seus planos para os próximos anos de sua vida e procure descobrir o que você precisa fazer para alcançá-los. Afinal,

> *"Se você acha que pode, ou se você acha que não pode, em todo o caso você está certo".*
>
> *(Henry Ford)*

Se quiser trocar de carro, por exemplo, terá de avaliar as condições de financiamento, pesquisar o valor atual do seu veículo, anunciar a venda, verificar as finanças pessoais e sair à procura de um novo veículo. Você se lembra das etapas fundamentais da viagem de que falamos no capítulo anterior? Pois é, elas são muito importantes em vários outros aspectos da sua vida pessoal e profissional. Afinal, o que você fizer agora vai interferir na saúde financeira da sua família até na quitação da dívida.

Conheço pessoas que, durante a virada do ano, fazem inúmeros planos para os próximos meses. Mudarão de emprego, serão promovidas, entrarão na academia, farão dieta etc. Enfim, são muitos os desejos das pessoas nessa época do ano. Para algumas, é o único momento para refletir sobre o período que passou e sobre o que elas querem para suas vidas. E elas estão certas. Devem mesmo traçar alguns objetivos para os próximos dias e meses. O erro, muitas vezes, está na falta de monitoramento desses planos. Como dizia John Lennon:

> *"A vida é o que acontece enquanto a gente está fazendo outros planos".*

Planejamento estratégico se faz e se revisa todos os dias. De nada adianta escrever suas metas num papel, se você guardá-lo numa gaveta e nunca mais procurá-lo. Pior ainda será se "mentalizar" esses planos, com toda a sua "força", e esperar que eles aconteçam. Sinto informar, mas nem com toda vibração positiva do mundo você conseguirá realizar seus sonhos se estiver com os braços cruzados.

Quer uma dica? Então escreva num papel todos os seus objetivos pessoais e profissionais. Coloque suas metas, o prazo, e também o que você terá de fazer para alcançá-las. Guarde essas anotações dentro da bolsa, da pasta de trabalho ou em local bem visível no seu escritório. O importante é todo dia você se lembrar desses planos e ver o que ainda falta para alcançá-los. Mas mexa-se!

"Faça o que pode, com o que tem, onde estiver."
(Franklin Roosevelt)

Tome pequenas atitudes e faça com que seus planos aconteçam de verdade. Em pouco tempo, você começará a ver resultados e se surpreenderá com o seu poder de realização. Assim, ficará mais motivado, desejará objetivos cada vez maiores e, no final, chegará à conclusão de que era bem mais simples do que você havia imaginado.

No dia a dia organizacional também é assim. As empresas traçam objetivos de curto, médio e longo prazos e definem o que deve ser feito para alcançar esses objetivos. No entanto, esse processo torna-se mais complexo porque exige o envolvimento de todas as pessoas da organização. A área Financeira, a Logística, o Comercial, o RH, a Produção, enfim, todas as áreas devem conhecer os objetivos da companhia e colaborar para o resultado global.

Como eu disse, inicialmente, elas precisam conhecer esses objetivos, saber o que a empresa espera dessas áreas, quais são as metas do ano e qual é a estratégia da organização. Para isso, a clareza e a objetividade dos meios de comunicação são fundamentais. Afinal, a mesma informação deve chegar e ser compreendida por todos os funcionários, independentemente do cargo e grau de escolaridade. Para isso, você deverá definir os veículos (meios) que vão facilitar a divulgação dessas estratégias. Pode ser uma convenção, uma palestra ou uma reunião informal com os seus empregados. Além disso, você pode exibir mensalmente os resultados em quadros de gestão à vista, no jornal, na internet, ou em faixas de tecido, pois são meios simples, fáceis e baratos de transmitir a informação. Enfim, você é a pessoa mais indicada para avaliar os veículos de comunicação disponíveis na sua empresa e definir quais deles serão utilizados para divulgação da estratégia.

Parece fácil, mas infelizmente não basta comunicar. É imprescindível envolver os funcionários com as metas e as estratégias. Afinal,

"qualquer pessoa de sucesso sabe que é uma peça importante, mas que não conseguirá nada sozinha".
(Bernardinho, técnico da Seleção Brasileira de Vôlei Masculino)

Espera aí! A palavra "envolver" parece vaga demais para ajudá-lo a definir o que deve ser feito, não é? Traduzindo para o português dos brasileiros: você deve dizer aos empregados o que vão ganhar se a empresa atingir os resultados esperados. Eles devem entender essa relação de "ganha-ganha". Ou seja, se a empresa lucrar, eles também serão beneficiados.

Nos próximos capítulos deste livro, vou apresentar-lhe algumas práticas de rentabilidade certa, como a remuneração variável e os treinamentos de vendas. Então, você vai entender e saber implantar alguns programas que serão fundamentais para sua empresa gerar mais lucro.

Além de comunicar, você deve ter um grande apoio dos gerentes e dos demais líderes da empresa. Eles vão repassar às suas equipes o que deve ser feito e acompanhar os resultados mês a mês. São pessoas estratégicas da organização, que devem entender profundamente os objetivos e as metas da empresa para saber avaliar, interferir e agir na hora certa.

"A habilidade mais valorizada do novo líder é a capacidade de motivar pessoas. Motivar é igual a comunicar. Resume-se em informar, persuadir e inspirar. O novo líder é um ouvinte, um comunicador, um educador – uma pessoa emocionalmente inspiradora."

(Rogério Caldas)

E qual é o papel da área de Recursos Humanos nesse processo? O RH deve estar envolvido em todas essas etapas e ser uma área "pensante". Costumo dizer, em algumas palestras, que o RH saiu da cozinha e foi para a sala. O que isso quer dizer? Sem preconceitos contra quem trabalha na cozinha, significa que hoje a área ajuda a definir as estratégias da empresa e participa ativamente do negócio.

A área de RH sempre foi acusada de estar desvinculada das estratégias das organizações. Em muitas delas, o setor era visto como responsável somente por gerir a folha de pagamento, fazer controles e outras demandas que pouco agregavam ao negócio. Era uma área que cuidava de coisas muito burocráticas, de controles, processos, protocolos, regras, disciplinas, punições etc. Infelizmente, esse RH ainda é a realidade de muitas empresas no Brasil. Eu diria que cerca de 70% das organizações no país, contando as pequenas, médias e grandes, têm uma área de RH assim.

Mas qual a diferença entre o RH do passado e o de hoje?

RH CONTOLADOR *VERSUS* RH ESTRATÉGICO

A EVOLUÇÃO DO RH
Década de 30 O RH era constituído pelos donos das empresas
Década de 40 O RH era constituído por advogados
Década de 50 O RH era constituído por engenheiros (processos)
Década de 60 As empresas descobrem o trabalho em equipe
Década de 70 O RH é constituído por administradores de empresas
Década de 80 O RH é constituído por psicólogos (crises existenciais...)
Década de 90 Os profissionais de RH começam a se voltar para a sobrevivência da empresa
1ª Década do Século XXI RH passa a focar em liderança, resultados, transações, parcerias, soluções e talentos

O RH anterior era responsável por controles; o atual é estratégico. Não se limita apenas a contribuir para os funcionários serem felizes na organização, por meio de um ambiente de trabalho saudável. A ideia é ter uma empresa que dá lucro e que divide parte desse lucro com os seus colaboradores. Assim, o RH estratégico conquista, desenvolve e mantém talentos. Afinal, você vai precisar de pessoas inovadoras e talentosas para conseguir gerar bons resultados na sua organização. Além disso, ele potencializa o sentimento de orgulho do funcionário e minimiza os efeitos de eventuais crises nas empresas.

Nas organizações de sucesso, o RH tem um representante na diretoria e, consequentemente, participa de todas as grandes decisões da empresa. Se ela define, por exemplo, que vai crescer 20% durante o ano e esse crescimento vai demandar uma nova área de manutenção, haverá necessidade de se criarem programas que preparem as pessoas para serem futuros mecânicos. Uma opção seria criar escolinhas com aprendizes da atividade. Assim, a organização teria pessoas capacitadas para o cargo, diminuiria custos de recrutamento e seleção, e ainda agilizaria a implantação do novo setor. O resultado de tudo isso? O lucro aumentará e retornará às pessoas que trabalham na empresa.

Hoje não se faz uma seleção de pessoal pensando apenas em um cargo. Pensa-se na estratégia da empresa, que também é codesenhada pela área de Recursos Humanos. A pessoa recrutada não é só um mecânico com potencial de crescimento; ela deve ter ética, cidadania e se envolver em ações na comunidade. Ou seja, deve ter sintonia com os valores e com a cultura da empresa. Ao analisar um currículo, esperamos mais que um bom profissional; também esperamos um cidadão. Essa é a grande diferença! Afinal, o RH tem função estratégica nas empresas e é responsável pelo envolvimento de todos os funcionários com valores, metas e oportunidades de negócios.

O RH antigo se limitava a contratar pessoas, enquanto o RH moderno participa da definição estratégica de cada decisão da empresa.

Patrick Sweeney, vice-presidente da Caliper Estratégias Humanas, dá algumas dicas para a seleção e contratação de um bom profissional. Veja quais são:

- ‰ *Lição 1* – Leve o tempo que for necessário para encontrar a pessoa certa. Não corra para preencher logo uma vaga. Hoje, 55% das pessoas estão no emprego errado.

- ‰ *Lição 2* – Pense se o candidato é capaz de crescer junto com a empresa. Não contrate pessoas que se encaixem com perfeição no cargo.

- ‰ *Lição 3* – Contrate com base na semelhança com os melhores profissionais – e no potencial de crescimento.

- ‰ *Lição 4* – Evite os pessimistas e mal-humorados. Eles levam sua empresa para baixo.

Voltamos a falar na palavra principal deste livro: o lucro. Ele depende de um RH que participa do desenho das metas da empresa e ativamente das decisões. O que de fato é estratégico? É participar da vida da organização, no presente e no futuro, vivenciar e conhecer tudo, além de ter o poder de influenciar o dia a dia da empresa. Lembre-se sempre: o RH tem de opinar!

Assim, a primeira coisa que a área de Recursos Humanos deve fazer é participar da definição das estratégias da organização com as demais áreas. O RH não deve apenas receber demandas e orientações. Nas empresas com um moderno modelo de gestão, não vemos mais as pessoas falando "nós definimos a estratégia e o RH tem de fazer isso". Definitivamente, essa atitude é coisa do passado.

Depois da estratégia, a empresa deve pensar nos seus focos – que são muitos e diferentes em várias organizações. Essa etapa, como todas as outras, depende muito da atuação dos líderes. Como já dizia Walt Disney:

> *"De tudo o que fiz, o mais importante foi coordenar os talentos daqueles que trabalham para nós, indicando-lhes a meta a ser atingida".*

Os laboratórios, por exemplo, necessitam investir em pesquisa para ter mais inovação, mais descobertas e mais lucro. Portanto, o foco desse tipo de empresa é a pesquisa. Nas organizações onde trabalhei e trabalho, que são de consumo e varejo, o foco principal é a venda.

Nesse tipo de negócio, segundo Kevin Roberts, CEO mundial da Saatchi & Saatchi, uma das maiores agências de publicidade do mundo, o poder está nas mãos do consumidor – 80% das decisões são emocionais e somente 20%, racionais.

> *"As empresas precisam criar uma conexão emocional com seus clientes. Apelos racionais levam a conclusões, enquanto apelos emocionais levam à ação. Então, a primeira lição: colocar emoção nos negócios. Segunda lição: trabalhar com a economia da atração. Engaje o cliente no seu negócio. Torne-o fã apaixonado, que ele vende por você. Interaja com o cliente. Nada é mais poderoso que a recomendação de um amigo. Não temos mais consumidores, temos pessoas na outra ponta. Puxe-as para você. As marcas pertencem às pessoas que as utilizam. Pense nisso!"*

Depois das lições de Kevin Roberts, podemos deduzir por que algumas empresas (principalmente as de sucesso) investem tanto em capacitação e treinamentos para a força de vendas. Além, é claro, de investir em outras áreas extremamente importantes, como capacitação da liderança, distribuição de produtos e remuneração.

Na Coca-Cola Minas Gerais, implantamos uma ação inovadora de gestão de pessoas e capacitação. O programa chamado "Quem Sabe Ensina" foi criado em maio de 2006 e capacita gestores da área comercial para atuarem como multiplicadores de conhecimento. Tínhamos um grande desafio. Era preciso pensar em formas diferenciadas de treinamento, que envolvessem toda a força de vendas num único objetivo: a excelência na execução do mercado. Além disso, precisávamos criar uma rede interna de conhecimento com ênfase na comunicação permanente das melhores práticas. Como isso foi feito? Primeiro, capacitamos os coordenadores de vendas. Todos os futuros multiplicadores foram preparados para desenvolver grupos de vendedores. Na segunda etapa do programa, eles ministram treinamentos teóricos e exercem o papel de *coaches*, capacitando equipes de vendedores e acompanhando os resultados práticos de atuação dos funcionários nos pontos de venda.

Um diferencial do programa são a integração e a troca de experiências entre equipes de diferentes áreas de atuação. Os coordenadores multiplicadores treinam vendedores de mercados diferentes, proporcionando uma visão ampla do negócio e oportunidades de vivenciar outras formas de execução de mercado. (Isso é estratégia!)

O "Quem Sabe Ensina" comprovou que é possível desenvolver pessoas, capacitá-las, motivá-las e gerar resultados com ideias simples, porém criativas e bem implantadas. O programa otimiza investimentos e utiliza recursos internos como multiplicadores capazes de desenvolver pessoas. O resultado não podia ser outro: crescimento de mercado, com equipes mais motivadas e totalmente voltadas para a estratégia comercial da empresa. E, é claro, o lucro.

O mês de julho de 2006 (após um mês da implantação do programa), se comparado ao mesmo período de 2005, registrou um aumento de 64% nas vendas de alguns produtos da empresa. No segundo mês de atuação do "Quem Sabe Ensina", o crescimento das vendas foi de 82%. A positivação de embalagens também teve um aumento significativo nos primeiros meses de atuação do programa. O mês de julho de 2006, se comparado ao mesmo período de 2005, teve um aumento de 41% na ativação do mercado. No mês de agosto esse crescimento foi de 43%.

O sucesso foi tanto, que o "Quem Sabe Ensina" também foi implantado na área de distribuição da empresa e já tem ótimos resultados.

Citamos o exemplo da Coca-Cola Minas Gerais, cujos focos, num determinado período, eram: vender, distribuir, liderar e remunerar. Você deve estar se perguntando: então esses também devem ser os focos da minha empresa? É claro que não. Esse é um trabalho que você e sua equipe terão de definir. Os focos e estratégias de uma organização são muito particulares, dependem do tamanho da empresa, da área de atuação, do mercado, dos produtos e serviços prestados etc. Para você definir os focos, pense nos grandes objetivos da organização e no que ela precisa fazer para alcançá-los. E lembre-se:

"Oportunidade é aquilo que você quer muito, mas de tanto querer, não consegue enxergar".
(Max Gehringer, escritor e palestrante)

Depois, é hora de pensar no segredo do "RH que dá lucro": o modelo de gestão. A estratégia prevê os campos de atuação do RH e pensa numa forma de ter mais participação dos funcionários para obtenção de lucro. O modelo de gestão é a soma organizada dos programas de gestão.

No capítulo anterior, citei os oito campos do modelo de gestão implantado com sucesso em algumas empresas. São eles: Carreira, Cidadania, Comunicação, Educação, Inovação, Qualidade de Vida/Benefícios, Vivência do Negócio e Remuneração.

Com a definição desses campos, a organização pode implantar diversos programas e ações, que são formas de as pessoas vivenciarem o negócio e participarem mais da estratégia elaborada pela empresa.

Portanto, o "RH que dá lucro" é aquele que desenhou a estratégia da organização, entendeu quais são os focos da empresa e definiu programas que cubram os oito campos de atuação que compreendem o modelo de gestão. É aquele que gera resultado, que mobiliza as pessoas para um objetivo comum – o lucro –, antes visto de forma pejorativa e que hoje volta a ser uma palavra positiva. É ele que gera riquezas e crescimento econômico para as empresas. Além disso, alavanca a geração de empregos e novas oportunidades de crescimento das pessoas e carreira. Por isso, é o assunto principal deste livro.

Quer entender como colocar em prática cada uma dessas etapas? Até agora eu indiquei o caminho, mas no próximo capítulo vou mostrar-lhe o mapa detalhado desse trajeto. Novamente, convido-o a continuar seguindo viagem comigo, e você, de fato, vai entender como é um "RH que dá lucro".

"Sucesso não é destino, sucesso não é acidente. Se observar as pessoas de sucesso, notará que elas começam com uma meta."
Rogério Caldas

CAPÍTULO 4

Pense Positivo, mas Faça!

Os novos teóricos da Gestão, escritores e profissionais anunciam: estamos no século do positivismo. Época em que é possível, apenas por meio do pensamento, atrair relacionamentos, amigos, empregos, oportunidades, etc. – tudo aquilo que é possível a mente imaginar... Eles falam que os pensamentos geram os fatos, e não o contrário. Simples assim. Apenas atraídos pela vontade, crença e pelo desejo. E para quem pensa que tudo se trata de conversa fiada, a física quântica explica: o universo conspira a favor de quem atrai o bem, o novo e o positivo. Não há espaços vazios e tudo se comunica. Somos e seremos exatamente aquilo que pensamos. Anthony Robbins, palestrante mundialmente conhecido e que popularizou a Programação Neurolinguística (PNL), diz:

"Você é o resultado do que pensa de si mesmo. O que anda pensando ultimamente? Como se vê no mundo? Como você pode mudar seus padrões e ser mais feliz? Acredite em você! Você pode ser, ter e fazer tudo que quiser!"

Para mim, toda essa conversa tem a sua carga de assertividade. Costumo perguntar para os meus alunos, colegas de trabalho e amigos: por onde começa uma longa caminhada? E, antes mesmo que eu tome fôlego para responder, a maioria das respostas que recebo é: pelo primeiro passo.

Mas o que antecede o primeiro passo é justamente a vontade e a ideia de fazê-lo. É mais ou menos o que ocorre nas horas em que a gente tem a sensação de ter sido "iluminado". Naquele momento – quando diante de situações adversas, problemas e desafios – somos tomados de uma força interior, que eu chamo de a hora do "fazer acontecer". Ansiedade, inquietude, uma energia que incomoda, provoca e é capaz de realizar mudanças. Esse, com certeza é o momento decisivo de tudo, ou seja, de saber se continuamos ou não com a ideia, se será aproveitada ou descartada. Voltando ao capítulo anterior, por exemplo, antes de colocar as malas no carro, houve a vontade, a projeção do que aconteceria durante o percurso, não é?

Mas, voltando à ideia do primeiro passo, quando esse exige grandes mudanças e transformações, o medo, a insegurança e a baixa autoestima podem agir em nós como barreiras para "chegar lá", ao nosso destino. É por isso que pensar positivo e ter bom humor são essenciais. Primeiro, porque um bom líder sabe aonde quer chegar e o faz com tranquilidade, certeza e seriedade. Isso, naturalmente, é transmitido à equipe de trabalho que se sente segura, encorajada e incentivada a correr os riscos necessários. Um exemplo disso é o que faço antes de tratar de qualquer assunto sério. Normalmente, recebo um dos integrantes da minha equipe com uma piada. A intenção não é satirizar a situação, e muito menos constranger o funcionário, mas, simplesmente, dar uma dose de humor àquela situação. Afinal, o riso aumenta a secreção de endorfina, hormônio que relaxa as artérias, melhora a circulação e beneficia a reação imunológica. Além disso, estimula a produção de adrenalina, o que promove maior irrigação dos tecidos, que, assim, recebem mais oxigênio e se tornam mais resistentes à dor. Resultado: cérebros mais irrigados naturalmente trazem mais resultados!

Além de bom humor e pensamento positivo, trace planos, metas e estratégias, que vão ajudá-lo a fazer o que deseja. Por exemplo: se você tem como mensurar quanto custará colocar um projeto em prática, quais as providências necessárias e o retorno que ele pode trazer para a sua vida ou para a sua organização, fica mais fácil ir adiante com a ideia. Depois disso, restam algumas alternativas: criar oportunidades, esperar que elas cheguem até você ou simplesmente aguardar que outra pessoa "mais afortunada" tenha a mesma ideia, faça e fique com os méritos. Tudo é uma questão de opção. Fácil assim! Sucesso não é destino; sucesso não é acidente.

Nas empresas modernas, o processo é o mesmo. Quem não tem metas, não quer "dar a cara pra bater", correr atrás das transformações e provocar o novo é substituído por alguém mais ambicioso, entusiasmado e disciplinado. Quem não faz poeira leva poeira. Medo, instinto de preservação ou insegurança são sentimentos comuns a todos nós, mas, em excesso, podem representar o fim de uma carreira ou o fracasso dos negócios. O lucro e o sucesso são objetivos comuns da maioria das empresas e cria-se uma "aura nebulosa" em torno de como os atrair e conquistar resultados. Até "lucro" se torna uma palavra negativa. São muitos os mitos sobre o assunto. Não são poucos os profissionais de Recursos Humanos e de outras áreas que acreditam que apenas as grandes empresas podem investir e que custa caro oferecer programas e ferramentas focadas na gestão de pessoas. Para todos os tipos de argumentos, tenho apenas uma resposta: investir em pessoas dá resultado. Quem não quer atrair o lucro e o sucesso para a própria empresa?

4.1. "Pai-trocínio"

São muitas as empresas que conseguem aumentar significativamente o lucro, sem gastar valores absurdos com a sua administração ou com novos equipamentos, máquinas e serviços, apenas disponibilizando programas e projetos alinhados à gestão de pessoas. Mas a pergunta é: como fazê-lo?

A primeira providência a ser feita é "vender" a ideia. Antes de começar, torna-se imprescindível que ela tenha um "pai-trocínio", ou seja, um pai, alguém que acredite tanto nela quanto você e que esteja disposto a oferecer todas as ferramentas, recursos e tempo necessários para se colocar o projeto ou a ideia em prática. Pode ser o superintendente de uma empresa, a liderança imediata da organização ou colegas de trabalho que creem na viabilidade e nas consequências das mudanças realizadas. A única certeza é que terão de dividir horas de trabalho, compartilhar ideias e, eventualmente, dedicar ao projeto algumas horas do fim de semana. Mas quem não quer repartir o "bolo" e pegar uma fatia dos lucros? Quanto mais você envolver as pessoas em seu projeto, mais terá apoio e resultados. As pessoas se comprometem quanto mais importantes e necessárias elas se sentem em uma organização.

Vendida a ideia, dá-se início a uma nova etapa: os passos do RH estratégico.

Com o apoio financeiro, material e pessoal necessários para a implementação da ideia, é a hora certa de seguir alguns passos típicos do RH estratégico e já falados anteriormente:

- *1º passo* – Estratégia: qual o planejamento da empresa para os próximos anos?
- *2º passo* – Diagnóstico: levante informações de todos os *stakeholders* (públicos diversos) da organização.
- *3º passo* – Focos: onde a empresa quer focar a sua estratégia?
- *4º passo* – Modelo de gestão: os oito campos de atuação do "novo RH".
- *5º passo* – Políticas: quais são as regras do dia a dia?
- *6º passo* – Programas: quais ações e projetos devem ser implantados?

4.2. A estratégia

Para iniciar nossa conversa sobre este assunto, nada mais "estratégico" do que citar dicas de Michael Porter, o guru da estratégia, reconhecido globalmente. Vamos lá!

1. *O pior erro é competir com os concorrentes nas mesmas dimensões.*
2. *O crescimento da empresa não é o objetivo maior. Objetivo número 1 é o retorno sobre o investimento. É isso que importa para acionistas e, por tabela, aos demais stakeholders.*
3. *Definir a estratégia da empresa é definir a proposição de valor exclusiva para o seu cliente.*
4. *Elaborar a cadeia de valor da empresa, conectando tudo e moldando-a com foco no cliente. É necessário ter uma compreensão profunda do negócio e do setor em que a empresa atua.*
5. *Na montagem da cadeia de valor, é preciso fazer escolhas, não "enfeitar" ou "jogar bonito", colocando atributos incompatíveis ou desnecessários no produto ou serviço, que afetam o custo. O Cirque du Soleil, por exemplo, tirou os animais de seus espetáculos porque o custo de manutenção era alto, entre outros atributos comparativos de um negócio chamado circo.*

6. *A vantagem competitiva é vista como estando concentrada em algumas partes da cadeia de valor. A boa estratégia começa daí.*

7. *Uma parte essencial da estratégia é saber o que não fazer. (Em quais negócios não entrar? Ou fazer? Quais clientes não atender? Quais produtos não vender?).*

8. *Nenhuma empresa pode ter sucesso sendo apenas ágil e veloz. É preciso ser consistente no tempo.*

9. *A responsabilidade social está dentro da estratégia.*

Então, depois das dicas, pense e tente responder: o que você pretende para daqui a um, dois, dez anos? Como já disse o ex-chairman e CEO da General Eletric (GE), Jack Welch:

"As estratégias de nada valem se a empresa não puder contar com boas pessoas para colocá-las em prática".

"Em meu modo de pensar, as pessoas devem vir em primeiro lugar. As estratégias vêm depois".

Vale lembrar que a Coca-Cola Pernambuco e Minas Gerais tiveram aumento de lucro superior a 50%, depois de apenas um ano da implantação de políticas de RH inovadoras. Isso sem ao menos investirem maciçamente em novos processos, serviços, produtos etc.

Stoner e Freeman escrevem que, como as organizações, todos nós possuímos sonhos e desejos para o futuro. Para realizá-los, é necessário determinar objetivos específicos e mensuráveis. No caso específico das organizações, segundo os autores, os objetivos são importantes por, pelo menos, quatro razões:

a) *Proporcionam um senso de direção. Sem eles, as organizações caminham sem rumo, reagindo às mudanças ambientais sem um sentido claro do que realmente desejam alcançar.*

b) *Os objetivos concentram esforços. Ao selecionar um objetivo ou um conjunto de objetivos relacionados, a necessidade de recursos e a forma como serão utilizados ficam muito mais claras para todos.*

c) *Os objetivos guiam os planos e as decisões.*

d) *Os objetivos são os parâmetros de avaliação do desempenho da organização. Sob esse aspecto, os objetivos são parte essencial da função controle, que é o processo de garantir que as ações correspondam aos planos criados para alcançá-los.*

Para ilustrar, costumo dar o exemplo de uma fábrica de bicicletas. A meta da empresa é aumentar em dobro o número de bicicletas vendidas em relação ao ano anterior. Após o diagnóstico do mercado e dos públicos que desejam comprar o produto, chega-se à conclusão de que a maior fatia do mercado é composta de crianças de 2 a 5 anos de idade. Porém, em vez de apenas adaptar "rodinhas" nas bicicletas, é identificado que a maior reclamação dos compradores é a limitação do terreno montanhoso. Diante disso, três variáveis vão influenciar na minha estratégia de vendas: terreno montanhoso, público compreendido na faixa de idade de 2 a 5 anos e a meta de aumentar 100% o número de bicicletas em comparação com o mesmo período do ano anterior. O que fazer? Adaptar rodinhas e um motor simples para que o terreno – uma agravante para a venda – não comprometa a compra do produto. Isso é estratégia.

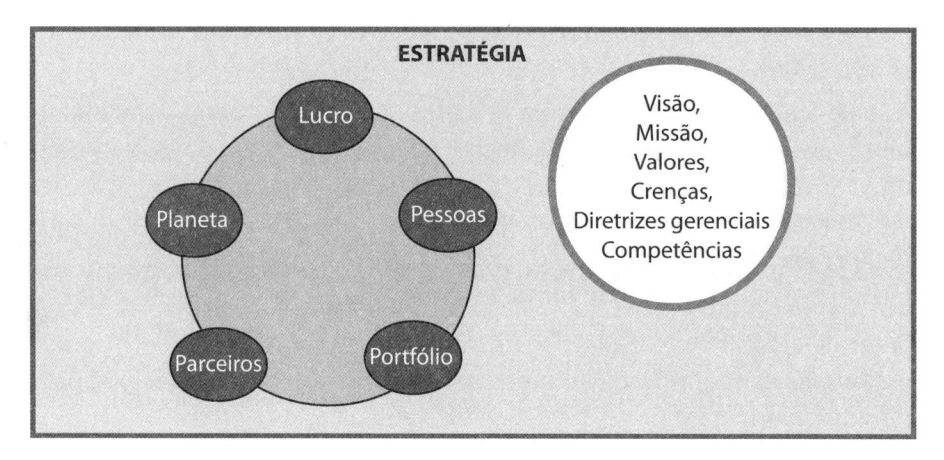

ESTRATÉGIA

- Lucro
- Pessoas
- Portfólio
- Parceiros
- Planeta

Visão, Missão, Valores, Crenças, Diretrizes gerenciais, Competências

4.3. O diagnóstico

O segundo passo é fazer o diagnóstico da organização para saber quais as formas possíveis de atuar. Durante a realização da pesquisa, deverão ser considerados: a cultura da empresa, o mercado em que está inserida, os anseios da direção e das áreas. Ao final, serão gerados relatórios simples que vão orientar os passos a serem seguidos na organização para a obtenção de resultados.

Nesta etapa, deve-se consultar a diretoria da organização para saber o que os líderes esperam da gestão de pessoas, o que entendem por Recursos Humanos, qual o planejamento e o futuro da empresa. É também imprescindível que seja feita uma avaliação com os funcionários para saber o que vai bem ou não, o que precisa mudar e o que esperam do futuro da organização. A esse estudo dá-se o nome de "pesquisa de clima organizacional". O diagnóstico compreende também uma análise das melhores práticas de gestão de pessoas no Brasil, adotadas por empresas lucrativas. Paralelamente, deve-se estudar o que os profissionais de sucesso apresentam como práticas inovadoras na orientação de pessoas. Caso não tenha um conhecimento prévio das ações que possa implantar na organização, esse é o momento mais adequado para fazer *benchmarking* e copiar (respeitando a cultura da sua empresa) as melhores práticas. Como já vimos anteriormente, os bons modelos servem como referência. Não reinvente a roda! Alguém já gastou muito tempo e energia para fazer isso por você! Dos cerca de 50 programas que vou enumerar aqui, 40 são adotados e funcionam de forma semelhante em grandes empresas.

Também se torna necessário aplicar o Formulário de Avaliação entre Áreas, que mostrará como as áreas da organização veem os outros setores da empresa. Partindo da concepção de que todas são clientes internos, um setor avalia o desempenho da área "fornecedora" e propõe mudanças e sugestões que podem contribuir para a realização da rotina de trabalho. Essa avaliação pode ser realizada periodicamente, com o propósito de fazer acompanhamento das mudanças e evoluções de cada setor da organização. As empresas precisam encantar os seus clientes em cada atendimento. Essa afirmação também se estende aos clientes internos, que são públicos potenciais e formadores. Isso mesmo, seu funcionário vai dizer "lá fora" o que a organização anda fazendo com ele.

Uma pesquisa de práticas da empresa também é imprescindível para descobrir quais ações, projetos e programas já foram postos em funcionamento e quais os resultados alcançados. Além disso, quais devem ser desativados.

É durante o diagnóstico que o RH pode também conquistar a confiança, identificar as formas de atuação das lideranças e esclarecer os funcionários sobre o seu verdadeiro papel na organização. As pessoas não devem ser questionadas sem o mínimo de esclarecimento. Cabe ao RH buscar parceria efetiva com a área de Comunicação, para que ela informe adequadamente os vários públicos sobre esse processo.

DIAGNÓSTICO

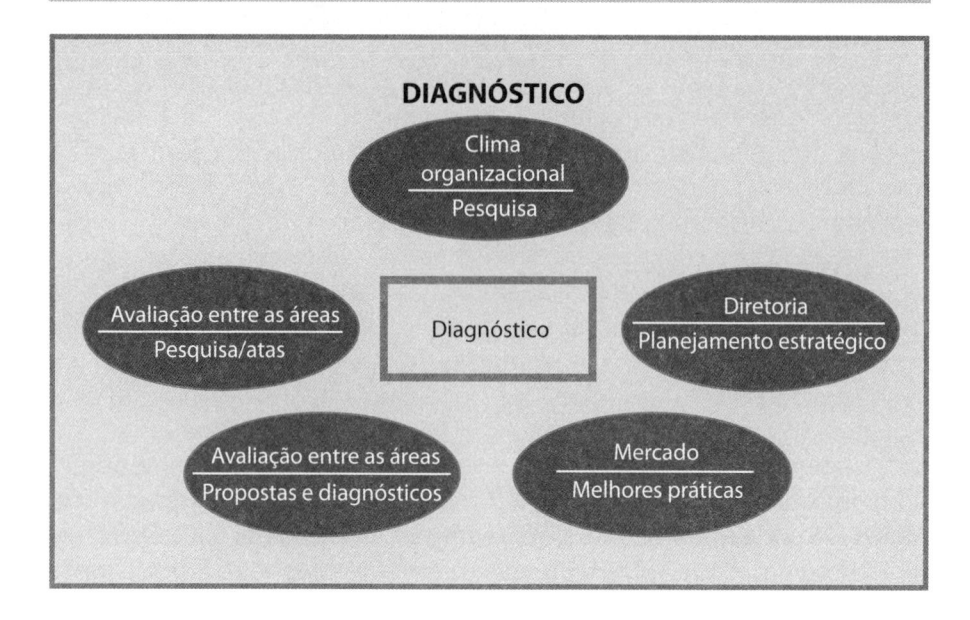

- Clima organizacional / Pesquisa
- Avaliação entre as áreas / Pesquisa/atas
- Diagnóstico
- Diretoria / Planejamento estratégico
- Avaliação entre as áreas / Propostas e diagnósticos
- Mercado / Melhores práticas

4.4. Focos

Ao orientar a minha produção de bicicletas para que todas saíssem da linha de montagem com rodinhas e um motor simples, foquei a minha produção nas demandas do mercado onde a minha fábrica está instalada. Isso quer dizer que, com base nas estratégicas que foram traçadas para minha organização, devo estabelecer os focos que estarão alinhados aos objetivos da empresa para a geração de lucro.

Para Michael Eisner, CEO da Disney, isso se chama microgestão, ou seja,

"uma forma de garantir que as coisas aconteçam do jeito que foram planejadas ou determinadas pela direção da empresa. Quer dizer: foco nos detalhes e nas sutilezas do serviço".

A Coca-Cola MG, por exemplo, tem quatro focos: vender, distribuir, liderar e remunerar. Todos os programas e ações devem sustentar essas quatro premissas. As prioridades sempre atenderão aos quatro focos. Se o nosso orçamento só permite o gasto com um treinamento e se temos solicitações diversas, o valor será direcionado ao curso que reforce um dos quatro focos.

Dos focos, parte-se para o quarto passo que, para mim, é o mais importante do "RH que dá lucro": o desenho do modelo de gestão da organização.

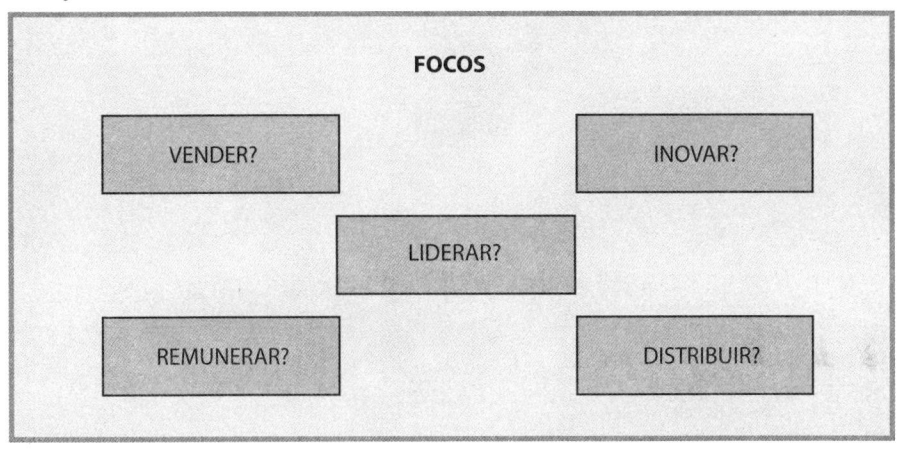

```
┌─────────────────────────────────────────────────────┐
│                      FOCOS                          │
│                                                     │
│    ┌──────────┐                    ┌──────────┐    │
│    │ VENDER?  │                    │ INOVAR?  │    │
│    └──────────┘                    └──────────┘    │
│                                                     │
│                  ┌──────────┐                       │
│                  │ LIDERAR? │                       │
│                  └──────────┘                       │
│                                                     │
│    ┌──────────┐                    ┌──────────┐    │
│    │REMUNERAR?│                    │DISTRIBUIR?│   │
│    └──────────┘                    └──────────┘    │
└─────────────────────────────────────────────────────┘
```

"Definir uma ou outra ação e achar que se pode mudar toda uma estrutura, forma de pensar e obter resultados é tarefa para um mágico."

CAPÍTULO 5

A Parte Sem o Todo Não é Parte e o Todo Não é o Todo Sem a Soma das Partes

Um amigo fez alguns meses de terapia para levantar o astral, depois de um processo complicado de divórcio. Segundo ele, em certo momento, a terapeuta havia pedido que fizesse um círculo e o dividisse em 12 partes. Sem entender, ele fez exatamente isso. No dia da sessão, quando iam conversar sobre o motivo de ela ter pedido o desenho, a terapeuta disse: "Este círculo aí é você. O que quer dizer que não é apenas um 'todo' homogêneo, mas sim, um 'todo' feito de partes. Você não deve canalizar toda a sua energia para apenas uma parte, mas tentar dividir este círculo em tamanhos iguais de graus de importância parecidos". Hoje, mais feliz, esse meu amigo disse que passou a se concentrar em todas as áreas da própria vida, como a carreira, o dinheiro, o desenvolvimento pessoal, o lazer, a saúde, o relacionamento conjugal, com a família, com os amigos, o lado emocional, o espiritual, as habilidades e o ambiente físico (as condições de trabalho e a realização). Ele descobriu que deveria se dedicar a elas de forma equilibrada para ser feliz, não apenas ao relacionamento conjugal. E foi isso que fez.

Nas organizações, acontece o mesmo. Definir uma ou outra ação e achar que se pode mudar toda uma estrutura, forma de pensar e obter resultados é tarefa para um mágico. O outro lado da moeda também não funciona. Não se pode querer investir somas enormes em pequenos grupos, áreas da organização e projetos. Com certeza, a discrepância vai, em vez de criar ambientes estimulantes e de sucesso, incitar insatisfações e sentimentos de angústia e descomprometimento. Gestores de grandes organizações sabem que é necessário muito suor e envolvimento das áreas e de trabalho conjunto para identificar os projetos e os programas que mais estão adequados à realidade daquela empresa. Além disso, o "como atuar" para trazer resultados para a organização deve ser uma preocupação mais adiante. Afinal, para que se tenha sucesso, é imprescindível que os gestores promovam clima de motivação, de desenvolvimento, de inovação e de acesso à carreira aos funcionários. Para mim, a forma mais fácil e eficaz de fazê-lo é através do *modelo de gestão*. Mais precisamente, do modelo de gestão que contempla oito *campos de atuação:* Carreira, Cidadania, Comunicação, Educação, Inovação, Qualidade de Vida/Benefícios, Vivência do Negócio e Remuneração.

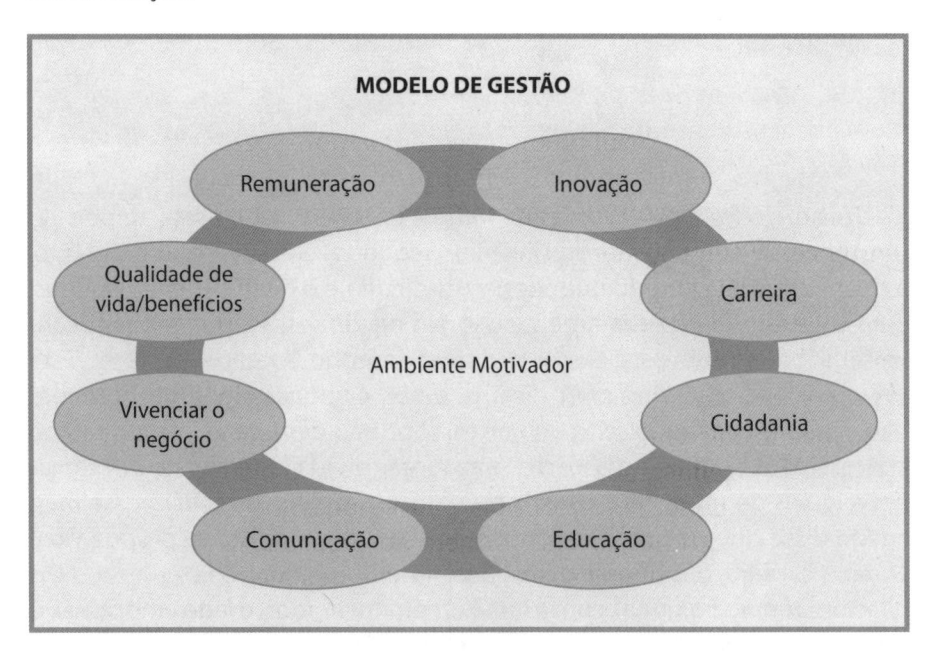

MODELO DE GESTÃO

- Remuneração
- Inovação
- Qualidade de vida/benefícios
- Carreira
- Ambiente Motivador
- Vivenciar o negócio
- Cidadania
- Comunicação
- Educação

Para se chegar a um modelo adequado, é importante que se tenham seguido todos os passos anteriores, ou seja, realizado o diagnóstico da empresa, definidos a estratégia e os focos da organização. Com as informações necessárias "em mãos", é possível, sim, saber o que pode ser feito.

Além de auxiliar os profissionais de RH, empresários e consultores, o modelo de gestão é a forma mais simples de fazer com que as pessoas da organização se sintam motivadas e possam gerar resultados crescentes para a empresa. Como assim? Há quem diga que ninguém motiva ninguém, não é mesmo? Tudo bem, eu concordo. Como dizem por aí, "a motivação é uma porta que só se abre por dentro". Mas é possível que a empresa, gestor ou líder criem condições para que os funcionários iniciem um processo de automotivação. Vamos partir, assim, do pressuposto de que motivar é dar motivos que justifiquem o outro a realizar projetos, desenvolver atividades e ir em busca de resultados – uma empresa que investe em seus empregados oferece condições de crescimento, tem uma gestão transparente e participativa, contribui significativamente para que os funcionários se sintam motivados. É por isso que as empresas buscam tanto se destacar e conquistar prêmios regionais, nacionais e no exterior. Além de ser muito importante para a imagem da organização, são motivos de orgulho dos empregados e verdadeiros carimbos que facilitam a retenção e a atração de talentos.

O modelo de gestão é o processo que une os desejos individuais com um ambiente organizacional que facilita a realização desses desejos.

Neste mesmo contexto, costumo comparar empresas ao homem comum, que depende de equilíbrio natural para sobreviver ou viver bem. E, para tal, precisa orientar ações para todas as áreas que o integram, com o objetivo de cobrir todos os "vazios" existentes. Agindo assim, fica mais fácil à empresa fixar imagem positiva junto aos públicos, sejam eles internos ou externos, e ainda criar condições para que os empregados trabalhem felizes e, consequentemente, gerem resultados. É o que completa o escritor Stephen Covey:

"Trate sempre os seus funcionários exatamente como quer que eles tratem os seus melhores clientes".

Mas o que é o modelo de gestão? Como o próprio nome diz, é um modelo inovador que orienta o RH estratégico para que possa atuar de forma ampla e eficaz, a fim de prover um ambiente de motivação e de resultados. Esse modelo pressupõe a divisão das ações, programas, projetos e ferramentas, de acordo com os *campos de atuação*.

São formas representativas que indicam as possibilidades ou os "espaços" onde o gestor deve investir recursos financeiros e materiais, para que o RH cumpra o papel de atuar como uma área estratégica e de consultoria interna, assessorando os administradores sobre as melhores práticas de gestão de pessoas, por meio de ferramentas gerenciais.

Os campos de atuação devem ser estabelecidos com base nas estratégias e nos focos das organizações. Por exemplo: uma instituição do terceiro setor que se dedica a ajudar comunidades carentes naturalmente deve estar mais preocupada em investir na qualidade de vida, em ações de responsabilidade socioambiental, na educação dos seus colaboradores do que em remuneração. Cabe ao gestor definir os campos de atuação que mais se ajustam à realidade dessa ou daquela organização, segundo seus objetivos e cultura. Porém, nas empresas onde trabalhei e que alcançaram sucesso, participei da elaboração e implantação do modelo de gestão que dá igual importância aos oito campos de atuação.

Todo esse processo de administrar pessoas, capital, ações e projetos foi vivenciado durante a minha experiência em grandes empresas. Observei as formas de conectar pessoas a resultados, acompanhei a rotina das áreas, pesquisei sobre as maiores inquietações e necessidades profissionais e pessoais dos empregados. Vivenciei programas de sucesso, convivendo com verdadeiros "mestres", errando, acertando, enfim, respirando a cultura organizacional. A teoria nos ensina sobre o caminho, e a prática nos diz como desviar dos obstáculos e descobrir novas vias de acesso. Uma das contribuições significantes para a concepção desse modelo vem de estudos da Psicologia Organizacional. Ao estruturar essa forma de atuação do RH nas organizações, baseei-me em uma premissa: compreender o comportamento individual e aumentar o bem-estar das pessoas – fator determinante para se criar um ambiente de motivação. Ou seja, explorar, analisar, entender as múltiplas dimensões que caracterizam os indivíduos, grupos e empresas, para que seja criado ou mantido um ambiente de sucesso e inspirador de resultados.

5.1. Os campos de atuação

5.1.1. Remuneração

Mais do que repassar um valor mensal referente à prestação de trabalho – salário, a remuneração variável pode ser um alavancador de resultados do RH estratégico. Isso é possível quando o empregador, além de oferecer um valor fixo, dispõe de diferentes formas de recompensa, traduzidas em comissões, bônus, participação nos lucros ou resultados (PLR) e prêmios.

Empregados que recebem esse complemento à remuneração fixa, normalmente atrelado a fatores como atitude e desempenho, sentem-se mais valorizados e motivados. Para a organização, isso representa o mesmo que trabalhadores mais dispostos a aumentar os ganhos e cumprir as metas estabelecidas. Exemplos de ações e programas deste campo de atuação são as "células de trabalho" e o "Programa de Participação nos Resultados (PPR)", que descreveremos mais adiante.

5.1.2. Inovação

Em tempos de concorrência acirrada, globalização, metas desafiadoras e descobertas de novas tecnologias, torna-se imprescindível que as organizações estimulem a criatividade e as novas formas de trabalho para potencializarem a obtenção de resultados. Nesse contexto, o "como fazer diferente" é fundamental. Empresas de vanguarda estão à frente ao incorporarem, no dia a dia de trabalho, novas ideias e abraçarem as transformações. Não são poucos os programas que desafiam equipes e empregados a tentar o novo, como os que premiam os autores de propostas inovadoras.

"As empresas apreciam funcionários criativos. Aliás, mais que apreciar, elas dependem deles para quase tudo: bolar novos produtos, aumentar a produtividade, melhorar a rotina, encontrar nichos de mercado inexplorados, e por aí vai."
Como diz Max Gehringer.

5.1.3. Carreira

O modelo antigo de promoção, característico das empresas dos anos 1980, acabou. Hoje, o que vai determinar o crescimento ou não do empregado na organização é a "empregabilidade", ou seja, habilidades e conhecimentos adquiridos, competências, nível de maturidade e capacidade de relacionamento. Para mim, o tempo de serviço não deve determinar a carreira e, sim, o desempenho, a disponibilidade e o relacionamento.

O que todos buscam na empresa é se desenvolver e crescer. Oferecer condições para que os empregados possam fazer carreira na organização é fundamental, ao romper com o comodismo e com a tranquilidade típicos de empresas que não criam ambientes de inquietações e desafios e, naturalmente, não provocam mudanças nem conquistam resultados. Além disso, investimento em conhecimento e na retenção de talentos, mais do que criar um ambiente de motivação, contribui para o aprimoramento dos processos, circulação de conhecimento e potencialização do sucesso.

Quadro de Carreira – Área Comercial

CARGOS:

- GERENTE DE VENDAS
- CHEFE DE DIVISÃO DE VENDAS
- CHEFE DE DIVISÃO DE INFORM. DE VENDAS
- COORDENADOR DE INFORM. DE VENDAS
- COORDENADOR DE VENDAS SR
- COORDENADOR DE VENDAS PL
- ANALISTA DE MARKETING SR *
- ANALISTA DE MARKETING PL
- ANALISTA DE MARKETING JR.
- ENCARREGADO DE MERCADOS ESPECIAIS
- AGENTE DE DESENVOLVIMENTO DE NEGÓCIOS
- VENDEDOR SÊNIOR
- VENDEDOR PLENO
- VENDEDOR APOIO
- MOTORISTA VENDEDOR
- ASSISTENTE ADMINISTRATIVO II
- ASSISTENTE ADMINISTRATIVO I
- AUXILIAR ADMINISTRATIVO II
- AUXILIAR ADMINISTRATIVO I
- AUXILIAR DE MERCHANDISING
- REPOSITOR EXCLUSIVO DE AUTO SERVIÇO
- REPOSITOR
- AUXILIAR DE SERVIÇOS DE MARKETING
- AJUDANTE DE ENTREGAS

Categorias de requisitos (colunas):

- **TREINAMENTO:** PRESENÇA; RESULTADO DA PROVA
- **ESCOLARIDADE:** 1º GRAU COMPLETO; 2º GRAU EM CURSO (ÚLTIMO ANO); 2º GRAU COMPLETO; 3º GRAU EM CURSO; 3º GRAU COMPLETO; PÓS-GRADUAÇÃO
- **EXPERIÊNCIA:** NÃO É PRÉ-REQUISITO; TEMPO DE REMIL - 6 MESES; 6 MESES DE EXPERIÊNCIA NA ÁREA COMERCIAL OU MARKETING; 6 MESES DE EXPERIÊNCIA EM MANUSEIO E CARGA/ DESC. PRODU; 6 MESES DE EXPERIÊNCIA NA ÁREA ADMINISTRATIVA; 1 ANO DE EXPERIÊNCIA NA ÁREA ADMINISTRATIVA; 6 MESES NA ÁREA COMERCIAL; 1 ANO DE REMIL; 1 ANO NA ÁREA COMERCIAL; 2 ANOS NA ÁREA COMERCIAL; 3 ANOS NA ÁREA COMERCIAL; 5 ANOS NA ÁREA COMERCIAL
- **CONHECIMENTOS INFORMÁTICA:** WORD BÁSICO; WORD INTERMEDIÁRIO; WORD AVANÇADO; EXCEL BÁSICO; EXCEL INTERMEDIÁRIO; EXCEL AVANÇADO; ACCESS BÁSICO; ACCESS INTERMEDIÁRIO; ACCESS AVANÇADO; POWER POINT BÁSICO; POWER POINT INTERMEDIÁRIO; POWER POINT AVANÇADO; LXT
- **IDIOMA:** INGLÊS BÁSICO; INGLÊS INTERMEDIÁRIO; INGLÊS AVANÇADO

Observações (na coluna TREINAMENTO – PRESENÇA / RESULTADO DA PROVA):
- Aguardando definição com relação aos requisitos
- VENDEDOR SÊNIOR: Presença *1 ; Resultado da prova *1
- VENDEDOR PLENO: Presença *2 ; Resultado da prova *2

Legenda / notas de rodapé:
- *Cargo não ocupado atualmente
- 1 - EXPERIÊNCIA COMO VENDEDOR
- *1 - Frequência de 90% e Nota igual ou superior a 9

Quadro de Carreira – Área Comercial (Continuação)

CARGOS	HABILIDADES TÉCNICAS											HABILIDADES COMPORTAMENTAIS																TREINAMENTOS OBRIGATÓRIOS									
	MATEMÁTICA COMERCIAL	MATEMÁTICA BÁSICA	MULTIPLICADOR INTERNO (QSE)	C.N.H "B"	C.N.H "A"	C.N.H "C" 1 ANO	CONHECIMENTO EM VENDAS	CONHECIMENTO DE MERCHANDISING	CONHECIMENTO DE MARKETIG	CONHECIMENTO EM ELETRICIDADE BÁSICA / CARPINTARIA	ORGANIZAÇÃO	RELACIONAMENTO INTERPESSOAL	FLUÊNCIA VERBAL	PLANEJAMENTO	HABILIDADE PARA TRABALHAR SOB PRESSÃO	FOCO EM RESULTADOS	CONHECIMENTO E CAPACIDADE DE NEGOCIAÇÃO	TRABALHO EM EQUIPE	CAPACIDADE ANALÍTICA	GESTÃO DE PESSOAS	CRIAR RELAÇÕES BASEADAS EM VALOR	CONSULTORIA AO CLIENTE	IMPULSIONAR ESTRAT. NEGÓCIOS BASEADAS NO CLIENTE	CAPTURAR OPORTUNIDADES	ANÁLISE DE PROBLEMAS E TOMADA DE DECISÃO	CONHECIMENTO DO NEGÓCIO	INICIATIVA	COACHING	TREINAMENTO DE INTEGRAÇÃO	CÓDIGO DE CONDUTA	LABOR	SGCC	SEGURANÇA DE ALIMENTOS	BPF E CONTROLE DE PRAGAS	ISOACTION	ISODOC	ASPECTOS IMPACTOS AMBIENTAIS	IMCR

(Tabela com marcações de cargos: Gerente de Vendas, Chefe de Divisão de Vendas, Chefe de Divisão de Inform. de Vendas, Coordenador de Inform. de Vendas, Coordenador de Vendas SR, Coordenador de Vendas PL, Analista de Marketing SR.*, Analista de Marketing PL, Analista de Marketing JR., Encarregado de Mercados Especiais, Agente de Desenvolvimento de Negócios, Vendedor Sênior, Vendedor Pleno, Vendedor Apoio, Motorista Vendedor, Assistente Administrativo II, Assistente Administrativo I, Auxiliar Administrativo II, Auxiliar Administrativo I, Auxiliar de Merchandising, Repositor Exclusivo de Auto Serviço, Repositor, Auxiliar de Serviços de Marketing, Ajudante de Entregas)

*Cargo não ocupado atualmente

1 - EXPERIÊNCIA COMO VENDEDOR
*1 - Frequência de 90% e Nota Igual ou superior a 9
*2 - Frequência de 90% e Nota Igual ou superior a 8

GESTÃO DE TALENTOS

NOME:			
CARGO ATUAL:		ÁREA:	
DIRETOR:		UNIDADE:	
CARGO PRETENDIDO:		ÁREA:	

PONTOS FORTES	PONTOS DE MELHORIA

PLANO DE AÇÃO

ANO 1	
ANO 2	
ANO 3	

REVISÃO CONFORME SRR

ANO	REALIZADA (DATA)
1	
2	
3	

OBSERVAÇÕES/COMENTÁRIOS

SUGESTÕES DE AÇÕES

- Job Rotation
- Visitas a outras empresas (melhores práticas)
- Visita à diretoria geral
- Short Assignment
- Projetos especiais
- Estágio com clientes e fornecedores internos
- Visita a clientes e fornecedores externos
- Participar de Treinamentos/ Cursos/ Congressos
- 5% do tempo de trabalho como multiplicador de cursos
- Visita ao mercado
- Substituir pessoas de áreas afins por curto período
- Mentoring
- Leitura e discussão de livros especializados em gestão

5.1.4. Cidadania

As organizações devem orientar ações e projetos voltados para a preservação do meio ambiente, para o relacionamento saudável com governos e instituições públicas ou privadas, além de estarem alinhadas ao desenvolvimento, participação e qualidade de vida da comunidade em que estão inseridas. Sem essas iniciativas, as organizações se fragilizam diante da opinião pública e correm o risco de abalar a própria imagem institucional. Mais do que produtos saudáveis e que não oferecem risco ao meio ambiente, os setores públicos prestigiam uma marca que esteja preocupada com o bem-estar das gerações futuras.

"Nós não recebemos o planeta dos nossos pais, nós o tomamos emprestado dos nossos filhos",

já se disse.

5.1.5. Educação

A base para o crescimento de todo país e das empresas continua sendo o investimento em educação. As ações orientadas à gestão do conhecimento, como os treinamentos, além das parcerias com instituições educacionais, são as formas mais certas e eficazes de preparar funcionários para que conquistem resultados para a empresa. Mais do que capacitar, desenvolver e instigar a reflexão acerca dos processos, a educação continua sendo um aliado do sucesso ao trazer experiências do ambiente acadêmico e pesquisas para serem postas em prática nas organizações.

5.1.6. Comunicação

Como envolver os funcionários nos objetivos e nas metas da empresa e promover um ambiente de transparência, ética e participação? Já se foi o tempo em que comunicar se resumia à elaboração de cartas, memorandos e atas. Hoje, as organizações contam com a comunicação estratégica como forma de instruir, preparar trabalhadores e conscientizar sobre as conquistas, a missão, os valores e as políticas da empresa. O trabalhador precisa se sentir informado, agente e participante da história da organização. Para tal, esta precisa facilitar os fluxos de comunicação, criar canais diretos com a direção, para que os empregados possam dar sugestões, críticas e apontar formas de melhoria do trabalho e de busca de resultados.

5.1.7. Vivência do negócio

Dar sugestões para o aumento das vendas, mesmo não sendo um empregado da área comercial e ser premiado por isso, comemorar as vitórias, compartilhar resultados e festejar o sucesso conquistado pela empresa faz bem e atrai o lucro. É verdade! Está mais do que comprovado que a autoestima, a alegria e a admiração são elementos fundamentais para a conquista de um ambiente motivador e propulsor de ideias.

5.1.8. Qualidade de vida/benefícios

O mais importante é a saúde, seja ela física, mental ou emocional! Por mais que tentemos deixar as preocupações de lado e nos empenhemos em realizar as atividades profissionais, não podemos apenas desligar essa parte pessoal. Somos seres emocionais, e, para que empregados possam desenvolver as atividades com mais tranquilidade, torna-se necessário ter o mínimo de bem-estar. Cabe à organização oferecer vantagens, programas e benefícios que possam ser investidos na saúde, no lazer, na autoestima e na qualidade de vida.

Agora que você já estabeleceu os oito campos de atuação do modelo de gestão para a sua organização, é hora de definir as políticas que nortearão as ações, os projetos, os relacionamentos e as atividades desenvolvidas na empresa.

"Os funcionários precisam estar informados sobre a forma de atuação das áreas e o que pretendem na organização, quais são as políticas. Mesmo que seja da 'boca' do dono ou em um quadro de aviso improvisado, o importante é comunicar."

CAPÍTULO 6

Políticas e Programas

6.1. Políticas

Em um país onde falar em política e suas derivações pode significar a falta de compromisso com o eleitorado, corrupção, promessas não cumpridas, entre outros, dedicar algumas laudas de um livro à política pode até ser estranho. Por isso, não falarei sobre o conceito que se relaciona às atividades do governo, "a arte de governar", e sim como mantê-lo informado, de forma séria e honesta (claro!), sobre o modo de a área de Recursos Humanos atuar, orientar ações e se posicionar nas organizações. A isso se chama de políticas. Honrar o que foi acordado com a direção torna-se imprescindível na conquista da confiança dos líderes e liderados e, principalmente, para a identificação do RH como área estratégica e (também) pensante da organização. Ao contrário de muitos países, nas empresas, a punição é cruel para quem não presta contas do que foi acordado e não trabalha conforme os preceitos validados e divulgados. Pode tanto representar o fim de uma carreira como o fracasso de todo um modelo de atuação.

Um dos momentos de maior responsabilidade da atuação do gestor na empresa, a meu ver, acontece quando são definidas as políticas. Se formos percorrer novamente os passos anteriores à definição delas, iremos ver que todos os líderes já foram orientados ou alinhados às metas e estratégias da organização. Porém, é neste 5º passo – após Estratégia, Diagnóstico, Focos e Modelo de Gestão, que efetivamente definimos os limites da gestão de pessoas.

O que quero dizer é que, para colocar em prática as ações e programas definidos durante a concepção do modelo de gestão, a direção, as lideranças de RH e demais stakeholders deverão saber o modus operandi da organização, como ela define a sua atuação. E para tal, precisam estar alinhados às políticas de gestão. Isso só é possível se o gestor tiver traçado o escopo da área e definidos valores, normas e regras que irão nortear as suas atividades. Assim como as normas de Relações Trabalhistas da empresa e o Código de Conduta, irão estabelecer como o funcionário deve se relacionar com os colegas, fornecedores, outras organizações, além de apontar os comportamentos aceitos ou não, o RH também deve colocar no papel e divulgar as regras do dia a dia. Para tal, torna-se necessário que o gestor faça a si mesmo e a sua equipe as seguintes perguntas:

1. Quais os objetivos da área?

2. De que forma o RH pretende atingir esses objetivos?

3. Quais os valores que são importantes para a área?

4. Como se dará o relacionamento entre líderes e liderados, clientes internos, comunidade e fornecedores?

5. Quais as normas para o cumprimento desses objetivos?

Depois de responder a essas cinco perguntas, cabe ao gestor deixar todas as políticas à vista para que todos os funcionários e parceiros tenham conhecimento sobre os compromissos da área e as políticas de trabalho da empresa. Independentemente do porte da organização, para que ela tenha sucesso, é importante que os funcionários se sintam verdadeiros agentes de mudança, de cooperação e transformação. Para tanto, precisam estar informados sobre a forma de atuação das áreas e o que pretendem na organização, quais são as políticas. Mesmo que seja da "boca" do dono ou em um quadro de aviso improvisado, o importante é comunicar. Aqui você encontrará uma lista-modelo de 50 políticas.

6.2. Programas

Feito o alinhamento de todas as informações com gestores e funcionários das áreas e, principalmente, do RH, é possível definir os programas, que serão idealizados de acordo com o modelo de gestão e orientados de acordo com os campos de atuação. Uma dica: defina a melhor forma de implantar determinado programa. O que trouxe sucesso a uma organização não necessariamente trará para a sua. Cada empresa tem sua cultura, seus valores e características particulares. O melhor a fazer é validar, junto às lideranças, áreas e direção, que aqueles devem ser colocados em prática, de acordo com a realidade da organização. Você ainda poderá consultar os relatórios gerados durante o diagnóstico da empresa (pesquisa de clima organizacional) para saber os anseios das lideranças, dos funcionários e as queixas, as críticas e os problemas apresentados.

Mais um lembrete: os nomes utilizados para identificar os programas foram definidos pelas empresas em que trabalhei, que entenderam que era a forma mais simples e correta de manter uma identificação dos públicos com as ações realizadas. Por isso, sinta-se à vontade para escolher um nome mais adequado para a sua empresa e equipe de trabalho. É importante apenas escolher nomes fáceis de entender, para que o público-alvo possa compreender a mensagem repassada e tenha interesse em participar.

Seja a sua empresa privada ou pública, tenha 10 ou 3.000 funcionários, industrial ou comercial, não importa! Todos os programas citados podem ser facilmente adequados à realidade dela. Você poderá consultar aqui muitos programas de RH. Além do conceito de cada um deles, você poderá saber qual o nome adotado, o público-alvo, o investimento necessário, o retorno e as informações relevantes.

São estes os programas:

6.2.1. Identificação de talentos

Nome adotado na Coca-Cola Minas Gerais: "Desenhando o Futuro".

Conceito: Oferecer as ferramentas necessárias para que os empregados tenham a chance de desenvolver o próprio plano de carreira.

Público-alvo: Pessoas de cargos mais simples. Exemplo: ajudante de entregas que aspira ser motorista, mas não tem dinheiro para tirar a carteira de habilitação.

Investimento: A empresa paga 50% dos custos necessários para a contratação do serviço de qualificação ou capacitação do funcionário, que financia os 50% restantes.

Retorno:

- Mão de obra qualificada para preenchimento de uma vaga futura.
- Economia com o processo de busca de profissionais no mercado que atendam aos requisitos da vaga.
- Valorização do profissional da organização e plano de carreira.
- Diminuição dos gastos com demissões.

Metodologia:

- Estabelecer os cargos ou os profissionais que poderão participar do programa.
- Definir as ferramentas que serão custeadas pela empresa.
- Especificar os compromissos dos participantes.
- Criar condições para que o funcionário financie o custo gerado.

6.2.2. Remuneração variável

CÉLULAS DE TRABALHO

Nome adotado: "Células de Trabalho".

Conceito: Dividir os funcionários em grupos de cargos ou atividades afins para que sejam incentivados a atingir metas da área e a contribuir para o cumprimento dos indicadores do programa. O alcance dos resultados está atrelado a uma gratificação, que pode ser um salário por ano, por exemplo.

Público-alvo: Todos os funcionários, exceto os que recebem bônus, normalmente gerentes e diretores.

Investimento: A empresa se compromete a repassar parte do lucro gerado com o alcance das metas aos empregados.

Investimento: Baixo. É necessário, apenas, dividir os grupos de funcionários, estipular as metas do setor (micro) e da organização (macro) com a validação das lideranças; recolher e divulgar os resultados alcançados, mês a mês.

Retorno:

- Funcionários mais alinhados às estratégias da empresa.
- Entrosamento das áreas para que todos possam atingir as metas estipuladas, já que o cliente interno é uma variável para o sucesso do programa.
- Economia e resultados para a organização.

Metodologia:

- Separar os grupos de funcionários. Podem ser divididos de acordo com a área, atividades afins, localização etc.
- Agendar as visitas às áreas para conhecer as atividades desenvolvidas (indispensável para a definição dos indicadores do setor).
- Estabelecer indicadores de desempenho de acordo com os grupos de funcionários.
- Validar as metas com as lideranças e definir a metaglobal e por equipe.
- Estabelecer o valor (percentual) que será repassado aos funcionários, caso as metas sejam alcançadas.
- Divulgar o programa. Inicialmente, para as lideranças; posteriormente, para os demais funcionários.
- Envolver as áreas para o repasse dos resultados, mês a mês.

- Divulgar os resultados obtidos pelas "células" todos os meses. Observação: A direção da empresa pode restringir a participação de alguns funcionários, como os gerentes e os diretores que já têm programas diferenciados de bonificação. É necessário o envolvimento da área de Remuneração para que seja feito um acompanhamento periódico, além dos cálculos para a definição e o repasse do bônus.

6.2.3. Incentivo à educação

Nome adotado: "Educar".

Conceito: Formalizar parcerias e convênios com instituições de ensino (faculdades, cursos pré-vestibulares, de inglês e de aperfeiçoamento profissional) para que os funcionários sejam incentivados a continuar com os estudos. A empresa pode custear bolsas educacionais, oferecer condições especiais de pagamento ou conceder infraestrutura para que as parcerias possam acontecer.

Público-alvo: Todos os funcionários.

Investimento: Vai depender do valor que a empresa considera viável para investir no programa. Um diferencial para o sucesso da iniciativa são as parcerias, desde treinamento simples de informática, oferecido por uma escola de computação, a desconto (sem custo algum para a empresa) nas mensalidades de um curso de inglês, em uma franquia de idiomas reconhecida na cidade e de atuação da organização.

Retorno:
- Funcionários mais qualificados e informados para exercer as atividades do dia a dia.
- Melhoria e aperfeiçoamento dos processos.

Metodologia:

- Formalizar parcerias e convênios com instituições educacionais (o RH pode delegar essa tarefa a um grupo de pessoas ou à associação de empregados).

- Promover visitas dos representantes à empresa para que possam apresentar os cursos e vantagens oferecidos.

- Listar prováveis instituições educacionais e as indicações dos funcionários para estabelecer e viabilizar parcerias.

- Alinhar, junto ao Jurídico da empresa, os documentos e o contrato necessário para a formalização dos convênios.

- Divulgar a relação de parceiros aos funcionários.

- Promover ações internas, como estandes de instituições educacionais, para divulgação dos serviços.

O gestor pode alinhar as necessidades de cursos e aperfeiçoamento dos empregados de acordo com a "Avaliação de Desempenho e Potencial" (veremos a seguir), realizada a cada seis meses, que aponta para o empregado avaliado as competências que ele precisa desenvolver. Pode, também, listar cursos gratuitos, que podem ser feitos por computador, desenvolver parcerias com entidades profissionais, como o Senac, o Senai etc.

6.2.4. Eventos temáticos

Nome adotado: Pode variar de acordo com o profissional, a data comemorativa etc. Exemplo: "Dia dos Pais".

Conceito: Valorizar as conquistas e celebrar as vitórias são pontos marcantes do RH estratégico. Além dos resultados, a cultura, os valores e as tradições de um país ou de uma região devem ser comemorados. Ao se lembrar das festas típicas, como a de São João, e as tradicionais, como o Natal, não são celebradas apenas datas, mas também todo um povo que se sente parte da construção e da história dessas tradições.

Público-alvo: Todos os funcionários.

Investimento: Vai variar de acordo com a dimensão do evento.

Retorno:

- Funcionários mais motivados, ao se sentirem valorizados pela empresa.
- Momento de entrosamento entre as áreas e o compartilhamento de vitórias.

Metodologia:

Definir as datas comemorativas e o estabelecimento das ações que serão feitas para a promoção dos eventos.

6.2.5. Avaliação de desempenho

Nome adotado: "Avaliação de Desempenho e Potencial (ADP)".

Conceito: Momento de encontro do líder e liderado para discutirem o desempenho, estipular metas, traçar perspectiva de carreira, etc. A ADP é um instrumento muito importante para auxiliar na identificação dos talentos da organização e para traçar um programa de retenção desses profissionais. Normalmente, são avaliados pontos como: qualidade e quantidade de trabalho, colaboração, espírito de equipe, apoio ao ambiente da área etc.

Público-alvo: Todos os funcionários do nível técnico em diante.

Investimento: Nenhum.

Retorno:

- Funcionários alinhados às estratégias da organização.
- Acompanhamento da liderança sobre a evolução do liderado.
- Identificação de talentos.

Metodologia:

- Definir a periodicidade.
- Adequar o formulário à realidade da organização.
- Aplicar o formulário e a definição do prazo para devolução.
- Acompanhar a avaliação. Esta deve ser feita pela liderança e pela consultoria da área profissional do RH, responsável pelos programas em andamento nos setores. Observação: As metas são negociadas entre

o liderado e o líder, que definem os recursos disponíveis para a realização do que foi proposto.

6.2.6. Programas antiestresse

Nome adotado: "Massagem Corporal e Ginástica Laboral".

Conceito: Oferecer sessões periódicas de massagem aos funcionários sujeitos ao estresse diário e a ginástica laboral àqueles que trabalham com sobrecarga habitual.

Público-alvo: Todos os funcionários.

Investimento: Variável. Outra forma de promover as atividades é por meio de associação do funcionário a clubes, espaços recreativos e de lazer.

Retorno:

– Funcionários mais dispostos ao trabalho.

– Prevenção de doenças ocasionadas pela repetição de movimentos e pela tensão.

Metodologia:

– Identificar clubes, academias, profissionais de dança, etc. para formalização de parcerias.

– Definir a periodicidade das sessões.

– Especificar os públicos que poderão receber os benefícios. Observação: Aparentemente, é um programa muito simples, mas quando é implantado, faz grande sucesso.

6.2.7. Exemplos de sucesso

Nome adotado: "Inspirando Caminhos".

Conceito: Convocar pessoas de sucesso para que elas possam realizar palestras e compartilhar dificuldades que tiveram durante o caminho. Ótima ferramenta para conscientizar os funcionários de que o sucesso não acontece por acaso, mas, sim, com muito trabalho e planejamento. As pessoas se sentem mais motivadas ao se inspirarem em "modelos".

Público-alvo: Lideranças e analistas.

Investimento: O custo vai depender do palestrante escolhido, geralmente um empresário ou um executivo bem-sucedido. Você ainda pode inovar, convidando aqueles funcionários que cresceram na organização e podem ser modelos para outros.

Retorno:

- Funcionários mais conscientes sobre a importância de superar desafios e informados sobre as formas comuns às pessoas de sucesso de alcançarem objetivos.

Metodologia:

- Identificar os palestrantes.
- Definir a periodicidade das palestras e do público-alvo.
- Divulgar as apresentações.

6.2.8. Assessoria jurídica

Nome adotado: "Jurídico Perto de Você".

Conceito: Atender os funcionários para esclarecimentos sobre questões jurídicas, como processo de separação, assinatura de contrato para compra de imóvel ou prestação de serviços, processos pessoais, entre outros, exceto questões trabalhistas.

Público-alvo: Todos os funcionários.

Investimento: Honorários combinados com o prestador de serviço. É comum, também, que os próprios profissionais da área jurídica façam esse papel, sem custos.

Retorno:

- Funcionários mais informados sobre as questões jurídicas e legais. As pessoas não precisam buscar informações fora da empresa.

Metodologia:

- Definir periodicidade, forma de atendimento (pessoal ou por telefone) e advogado responsável.

6.2.9. E-learning

Nome adotado: "Plug do Saber".

Conceito: Disponibilizar cursos de capacitação, por meio do acesso a site especializado, de acordo com o cargo e as atividades realizadas. O funcionário pode optar por fazer o treinamento na organização ou em outro local onde tenha acesso à internet.

Público-alvo: Todos os funcionários.

Investimento: A empresa pode contratar uma empresa especializada na formatação de cursos e criação de ambientes on-line, ou apenas comprar pacotes de cursos ou acessos para que o empregado possa concluir o aprendizado em casa.

Retorno:

- Funcionários mais qualificados e informados para exercer as atividades do dia a dia.
- Melhoria e aperfeiçoamento dos processos.

Metodologia:

- Definir parceiros.
- Alinhar os cursos e os conteúdos de acordo com o objetivo da empresa. Observação: Premiações atreladas às conclusões dos cursos servem como formas de incentivar a participação do empregado. Os cursos devem ser alinhados ao Plano de Carreira.

6.2.10. Incentivo à redução da jornada de trabalho

Nome adotado: "Apagão".

Conceito: Promover a qualidade de vida do empregado e reduzir o gasto com o consumo de energia e horas extras.

Público-alvo: Todos os funcionários.

Investimento: Sem custo para a empresa.

Retorno:

- Funcionários mais dispostos no dia a dia de trabalho e com mais tempo para se dedicarem à família, à educação, ao lazer etc.

Metodologia:

- Desligar as luzes dos setores que aderirem ao programa às 20h.

6.2.11. Formação de líderes

Nome adotado: "Programa de Desenvolvimento Gerencial (PDG)"

Conceito: Investir no desenvolvimento das competências do líder, de acordo com os valores, os objetivos e as estratégias da empresa.

Público-alvo: Ocupantes de cargos de liderança.

Investimento: Alto. Vai depender da consultoria contratada ou da consultoria interna da organização que poderá realizar o trabalho. O gestor também pode recorrer a instituições da comunidade, como: Sebrae, Senac, Senai, Senar, Federação das Indústrias, Federação do Comércio etc.

Retorno:

- Lideranças mais conscientes sobre seu papel na organização e mais informadas sobre o modo de mobilizar equipes e obter resultados.

Metodologia:

- Definir o grupo que vai participar do programa.

- Estabelecer a periodicidade (o ideal é que seja realizado um módulo, no máximo, a cada dois meses).

- Definir o conteúdo e o número de cursos que será ministrado. Pode variar de acordo com o objetivo da organização. Na Coca-Cola, foram oito módulos. Observação: Além dos módulos sobre planejamento financeiro, administração e gestão de pessoas, os participantes aprendem a pensar e a agir como lideranças. As chefias são o esteio da organização; todo investimento em liderança sempre será pequeno.

6.2.12. Encontro com os diretores

Nome adotado: "Bate-papo com o Diretor".

Conceito: Momento de descontração do funcionário com um dos diretores da empresa, para que possa conversar sobre o dia a dia da organização, apresentar críticas, sugestões ou elogios.

Público-alvo: Todos os funcionários.

Investimento: Baixo. A única preocupação que se deve ter é a de criar um ambiente de entrosamento entre os participantes; por isso, recomenda-se que seja feito durante um lanche da manhã ou da tarde.

Retorno:

– Diretores mais informados sobre a rotina da empresa e das demandas das áreas.

– Entrosamento com os funcionários.

– Ocasião ideal para ouvir pontos de melhoria e de satisfação.

Metodologia:

– Definir uma periodicidade (ideal é ser realizado, no máximo, a cada 60 dias).

– Estabelecer o número de participantes a cada edição.

– Nomear alguém que vai acompanhar o diretor para anotar todas as questões que não foram resolvidas em uma ata, que será encaminhada às áreas responsáveis. Importante divulgar as respostas em um prazo estipulado na abertura do encontro (ideal em até 15 dias).

– Fazer o acompanhamento das questões para saber se o que foi dito foi realizado (*folow-up*). Observação: Este programa não se "esgota" apenas na realização do encontro. Normalmente, uma pessoa de RH ou de Comunicação acompanha o diretor e anota as questões que não puderam ser resolvidas no encontro. Por exemplo: o diretor de Marketing é questionado sobre um problema específico da área de Patrimônio da organização. Depois do encontro, essa mesma pessoa encaminha as perguntas às áreas responsáveis. Assim, todos os participantes recebem a ata do evento contendo as respostas. Nenhum dos funcionários é identificado nas questões. Uma ferramenta imprescindível para o sucesso do programa é o *follow-up*, uma tabela simples de Excel em que pode ser realizado um acompanhamento das questões propostas.

6.2.13. Multiplicadores de conhecimento

Nome adotado: "Voluntários do Saber".

Conceito: Identificar e capacitar funcionários para que possam atuar como multiplicadores de conhecimento para outros colegas de trabalho. Exemplo: módulos de inglês, informática básica, Excel etc.

Público-alvo: Todos os funcionários.

Investimento: Baixo. É necessário, apenas, oferecer sala e material para que as aulas aconteçam na empresa.

Retorno:

- Funcionários mais qualificados e informados para exercer as atividades do dia a dia.
- Melhoria e aperfeiçoamento dos processos.

Metodologia:

- Definir os módulos do programa.

- Identificar os funcionários aptos a ministrar as aulas.
- Selecionar e capacitar esses empregados, idealmente por pedagogo.
- Viabilizar infraestrutura e materiais necessários.
- Iniciar o processo de inscrição dos interessados.
- Fechar as turmas segundo a programação e a disponibilidade dos funcionários voluntários.
- Definir as formas de avaliação do desenvolvimento dos funcionários alunos. Observação: Para cada hora de aula, deve ser depositado um valor (exemplo: R$ 20,00) numa poupança, que poderá ser utilizada para pagamento de cursos do multiplicador.

6.2.14. Estande de atendimento da área de Recursos Humanos

Nome adotado: "Plantão RH".

Conceito: Esclarecer dúvidas, anotar as críticas e os elogios feitos por funcionários sobre as iniciativas, ações e programas de Recursos Humanos.

Público-alvo: Todos os funcionários.

Investimento: Baixo. Para a eficiência do programa, torna-se necessário apenas a confecção do formulário padrão, além de alocar pessoas para atenderem os empregados nos dias, locais e horários estabelecidos.

Retorno:
- Maior satisfação dos funcionários e compreensão sobre a realidade do público e setores da organização.
- Proposição de melhoria dos processos.
- Identificação de demandas, além de críticas e elogios do que tem sido implantado.

Metodologia:
- Imprimir formulário padrão.
- Definir local para atendimento (de preferência, em lugar de fácil acesso e de grande movimentação de pessoas).

- Estabelecer planilha dos funcionários de RH que, em sistema de revezamento, vão atender os demais empregados.

- Tabular as informações e enviar as sugestões, críticas ou dúvidas aos setores responsáveis.

- Informar aos participantes sobre as medidas tomadas para esclarecer, resolver ou melhorar um processo. Observação: O plantão de atendimento também pode ser utilizado durante a realização de novas ações, com o intuito de apresentar os objetivos, resultados previstos e esclarecer as dúvidas.

6.2.15. Avaliação dos clientes internos

Nome adotado: "Avaliação entre Áreas".

Conceito: Avaliar o desempenho dos clientes internos quanto a atendimento, prazos, qualidade dos serviços prestados, etc., com o objetivo de aprimorar os processos da empresa.

Público-alvo: Todos os funcionários/áreas.

Investimento: Baixo. É necessário, apenas, imprimir e aplicar o formulário padrão.

Retorno:

- Áreas mais conscientes sobre o papel delas nos vários processos.

- Alinhamento das dinâmicas do setor segundo o que é demandado pelas outras áreas.

- Correção de rotinas e procedimentos internos.

Metodologia:

- Definir quais as lideranças envolvidas no processo de avaliação.

- Agendar reuniões para a realização das avaliações.

- Tabular os dados e a apresentação para as áreas avaliadas.

- Definir as ações em resposta ao que foi apontado (de preferência, com a identificação dos prazos). Observação: O recomendado é que essas avaliações sejam feitas semestralmente.

6.2.16. Confraternizações

Nome adotado: "Celebrar".

Conceito: Momento de dar visibilidade às estratégias, aos resultados alcançados e aos funcionários que se destacaram na organização (promoções, prêmios conquistados, metas alcançadas, novas ideias etc.), além de comemorar os aniversariantes, o dia dos profissionais e outras datas comemorativas.

Público-alvo: Todos os funcionários.

Investimento: Médio. Buffet, decoração, músicos etc.

Retorno:
- Maior conhecimento sobre os resultados conquistados pela empresa.
- Manutenção de um ambiente motivador e estimulante.
- Valorização dos empregados pelas metas alcançadas.

Metodologia:
- Definir as datas de realização, espaço, número de convidados, bufê, atrações (sorteios, bandas, intervenções teatrais etc.), decoração, entre outros.
- Definir a pauta do evento e as formas de comunicação.
- Confirmar a presença dos palestrantes e das pessoas-chave do evento.
- Estabelecer as equipes de apoio, produção e logística.
- Comunicar o dia e o horário aos funcionários.

6.2.17. Carta para o diretor

Nome adotado: "Mensagem ao Diretor".

Conceito: Canal de comunicação certo e seguro entre o funcionário e a direção da empresa.

Público-alvo: Todos os funcionários/áreas.

Investimento: Baixo. É necessário, apenas, disponibilizar o formulário do programa em urnas na empresa para que possam ser depositadas as mensagens.

Retorno:

– Maior comunicação entre a diretoria e os funcionários.

– Conhecimento sobre demandas, críticas e elogios dos empregados.

– Manutenção e melhoria dos processos.

Metodologia:

– Disponibilizar, em pontos estratégicos da empresa, urnas e formulários para que os empregados possam participar do programa.

– Recolher as cartas preenchidas e encaminhá-las aos diretores.

– Entregar a resposta, em mãos, ao funcionário, dentro de 15 dias. Observação: A eficácia do programa é mantida pela seriedade e pelo sigilo do processo. Apenas diretor-destinatário e funcionário-remetente sabem sobre o conteúdo da "carta". Cabe apenas ao RH ou à Comunicação da empresa recolher as mensagens, fazer o cadastro dos autores (para que a carta possa ser entregue no prazo estipulado) e entregar os formulários respondidos. As respostas devem ser escritas pelo próprio diretor-destinatário.

6.2.18. Visita dos diretores e gerentes

Nome adotado: "Diretor com Você".

Conceito: Levar diretores em visitas às unidades da empresa para conhecer a rotina de trabalho, identificar melhorias e conversar com os funcionários.

Público-alvo: Todos os funcionários.

Investimento: Médio. Vai depender da periodicidade das visitas.

Retorno:
 – Integração com as outras unidades da empresa.
 – Identificação de problemas e melhorias dos processos.
 – Maior conhecimento sobre a realidade de cada unidade.

Metodologia:
 – Agendar as visitas.
 – Definir uma programação e *check list*, ou seja, uma relação dos itens para serem avaliados nas unidades.

6.2.19. Voluntariado empresarial

Nome adotado: "Voluntariado Empresarial".

Conceito: Cadastro dos funcionários interessados em fazer parte de um grupo de voluntários que vão contribuir para promover ações, divulgar e executar projetos desenvolvidos nas instituições, creches e hospitais assistidos pelo programa.

Público-alvo: Todos os funcionários.

Investimento: Baixo. A promoção pode ser feita pela área de Comunicação, por meio de convites, comunicados simples ou matérias. É necessário, apenas, entrar em contato com as instituições para que possam ser estabelecidas as parcerias. A definição dos parceiros do programa também poderá ser feita a partir da indicação do funcionário.

Retorno:

- Afirmação da imagem da organização por meio do estímulo a atividades de caráter social.
- Aproximação e envolvimento da comunidade.
- Engajamento e participação do funcionário com os valores da empresa.

Metodologia:

- Cadastrar os parceiros.
- Definir os incentivos a serem oferecidos aos funcionários, como crédito no Banco de Horas, ônibus ou van para transporte até as instituições, creches e hospitais assistidos pelo programa.
- Divulgar as ações e as inscrições.
- Fazer o cadastro dos interessados.
- Definir uma agenda de visitas e ações.
- Acompanhar as atividades e fazer avaliações junto aos parceiros. Observação: A empresa ainda pode criar formas de incentivo, como dar créditos dobrados no Banco de Horas a cada hora dedicada ao trabalho voluntário, confeccionar uma camisa de identificação dos voluntários da organização etc.

6.2.20. Programa de Participação nos Resultados (PPR)

Nome adotado: "Programa de Participação nos Resultados (PPR)".

Conceito: Proporcionar aos funcionários um bônus extra anual referente ao resultado alcançado pela empresa.

POLÍTICAS E PROGRAMAS **83**

Público-alvo: Todos os funcionários/áreas.

Investimento: Médio. Dependendo do porte e orçamento da empresa, o gestor poderá oferecer um valor, que pode variar entre 50% a 200% do salário do funcionário.

Retorno:
- Envolvimento com as estratégias da organização.
- Alcance de resultados.
- Equipes satisfeitas e motivadas.

Metodologia:
- Definir junto aos líderes a proposta de participação de resultados.
- Estabelecer as condicionantes, metas e indicadores.
- Divulgar a proposta aos funcionários.
- Definir a data de repasse do bônus salarial, benefício ou premiação.
- Repassar aos funcionários os resultados da participação individual.

6.2.21. Promoção das diferenças (políticas, raciais, sexuais etc.)

Nome adotado: "Programa Diversidade".

Conceito: Destacar a importância de promoção e aceitação do "novo" e suas diferenças.

Público-alvo: Todos os funcionários.

Investimento: Baixo. É necessário, apenas, que a empresa implante ações de valorização da diversidade e de intolerância à discriminação, com prazos claros. Exemplo: aumentar o número de mulheres em cargos de gerência, de 10% para 30%, em dois anos.

Retorno:

- Valorização dos empregados.
- Credibilidade à imagem da organização.
- Equipes integradas e motivadas.

Metodologia:

- Definir as ações em prol da diversidade, que deverão estar alinhadas aos processos internos.
- Criar estatuto e políticas de respeito às diferenças.
- Divulgar o resultado aos funcionários.

6.2.22. Integração do novo funcionário

Nome adotado: "Treinamento de Integração".

Conceito: Facilitar a adaptação do novo empregado à empresa e ao negócio.

Público-alvo: Todos os novos funcionários.

Investimento: Baixo. É necessário, apenas, identificar um responsável, que vai adotar o programa e validar o conteúdo com as áreas da organização.

Retorno:

- Conhecimento sobre a empresa por meio do repasse de uma visão sistêmica da organização.
- Desenvolvimento do empregado novato e comprometimento com as metas da empresa.
- Conscientização e informação sobre as normas e as políticas internas.
- Promoção de uma visão crítica e postura participativa do empregado a partir da compreensão dos processos, metas e desafios das áreas.

Metodologia.

- Visitar os setores para repasse do conteúdo (visão macro e funcionamento das áreas).

POLÍTICAS E PROGRAMAS **85**

- Produzir apresentação com a missão, política e valores da empresa, direitos e deveres do empregado, além do funcionamento dos processos (rotinas de trabalho, horários de funcionamento etc.).

- Definir cronograma e dinâmica do treinamento.

- Produzir material de apoio com as informações repassadas durante o treinamento para consulta do funcionário.

- Realizar os treinamentos e avaliar a aplicabilidade. Observação: Durante o repasse do conteúdo, o instrutor pode optar pela realização de dinâmicas, apresentar vídeos e materiais necessários para a valorização e a conscientização sobre o papel do empregado na organização.

6.2.23. Conhecendo nosso produto ou serviço

Nome adotado: "Direto da Fonte".

Conceito: Apresentar para o funcionário os novos produtos ou serviços. No caso da Coca-Cola Minas Gerais, a cada lançamento, o funcionário recebe uma amostra do produto e um *folder* explicativo sobre a nova bebida.

Público-alvo: Todos os funcionários.

Investimento: Baixo. Custo com amostra e confecção do *folder.*

Retorno:

- Envolvimento e conhecimento sobre o negócio da empresa.

- Pesquisa de aceitação do produto e serviço.

- Estímulo à promoção e ao consumo dos bens produzidos pela organização.

- Preparação de público formador de opinião.

86 RH QUE DÁ LUCRO

Metodologia:

- Definir cronograma de lançamentos.
- Preparar estandes de atendimento ou agendar dias de entrega de amostras. É importante que os empregados recebam informações sobre o novo produto/serviço.

6.2.24. Relacionamento interpessoal

Nome adotado: "Trilhas de Integração".

Conceito: Caminhada que promove maior entrosamento dos participantes, além de praticar o espírito de equipe e convidar os funcionários a fazer reflexão sobre o papel dos demais colegas.

Público-alvo: Áreas ou grupos de funcionários clientes/fornecedores internos identificados pela consultoria interna de RH.

Investimento: Médio. Contratação de consultoria para conduzir atividades de integração na caminhada.

Retorno:

- Maior integração entre os participantes.
- Conscientização sobre o papel de cada funcionário dentro da equipe.
- Manutenção de um ambiente de trabalho satisfatório e frutífero para o alcance de resultados.

Metodologia:

- Identificar as áreas onde há conflitos, por meio da consultoria interna ou com a ajuda das lideranças.
- Adequar a logística do encontro às características do público.
- Definir um cronograma de realização do programa.

POLÍTICAS E PROGRAMAS **87**

- Promover as atividades, adequando-as ao propósito de sensibilizar e conscientizar os envolvidos sobre a importância do trabalho em equipe.
- Avaliar os resultados.

6.2.25. Atrações para os dependentes dos funcionários

Nome adotado: "Viva o que é Bom com a Sua Família".

Conceito: Oferecer condições financeiras, materiais, ou promover eventos que incluam os dependentes dos funcionários.

Público-alvo: Funcionários e dependentes.

Investimento: Médio. Com o apoio do RH, o gestor pode tanto conseguir um desconto na mensalidade de um clube, por exemplo, para funcionários e dependentes, quanto promover festas ou visitas orientadas, para que os familiares do empregado possam conhecer as dependências da empresa.

Retorno:

- Afirmação e divulgação dos valores da empresa aos públicos consumidores em potencial.
- Valorização dos funcionários e dependentes.

Metodologia:

- Avaliar o número de pessoas que vão se beneficiar da iniciativa e a verba necessária e suficiente para o benefício.
- Estabelecer uma agenda para o programa e o regulamento para participação.
- Definir a logística do evento de acordo com o público-alvo.
- Divulgar a iniciativa. Observação: A metodologia pode variar de acordo com as características do benefício e do porte do evento.

6.2.26. Grupos de estudos corporativos

Nome adotado: "Comitê de Aprendizagem".

Conceito: Promover o encontro, a pesquisa e o diálogo entre os funcionários sobre os processos da empresa.

Público-alvo: Todos os funcionários.

Investimento: Baixo.

Retorno:

- Adequação e melhoria dos processos.
- Apresentação de novas formas e sugestões de como realizar as atividades diárias.
- Integração entre as áreas e os empregados.

Metodologia:

- Definir um cronograma e dividir os grupos.
- Estabelecer os temas e os processos a serem discutidos nos encontros.
- Recolher as informações e as propostas sugeridas.
- Encaminhar as dúvidas ou as sugestões para as áreas responsáveis.
- Acompanhar e adequar os processos. Observação: É interessante que os assuntos ensinados no Programa de Desenvolvimento Gerencial (PDG) sejam discutidos nos comitês.

6.2.27. Universidade corporativa

Nome adotado: "Universidade Corporativa".

Conceito: Oferecer aos funcionários condições para que possam se desenvolver profissionalmente, realizar pesquisas, incitar discussões e realizar intercâmbio de conhecimento com universidades. Tem fundamento no conceito de *Learning Organization*, proposto por Peter Senge. Tudo que se refere à educação na empresa deve ser contemplado pela universidade corporativa.

Público-alvo: Todos os funcionários.

Investimento: Médio. Dependendo do orçamento, o gestor pode estruturar espaço físico, produzir estatuto de funcionamento, manual de procedimentos e do usuário etc.

Retorno:

- Qualificação dos empregados.
- Melhorias dos processos.
- Realização de pesquisas e descoberta de formas inovadoras de vivenciar os processos organizacionais.

Metodologia:

- Definir os fundamentos da universidade (missão, política e valores).
- Estabelecer a estrutura de funcionamento.
- Formalizar parcerias e convênios com faculdades e incentivar a pesquisa por meio da extensão universitária.
- Fazer a aplicabilidade do que foi pesquisado no dia a dia da organização.

6.2.28. Ações diversas

- Financiamento para aquisição de moradia, moto e computadores.
- Acompanhamento escolar para os filhos de funcionários.
- Blitz da segurança – Premiação para quem zelar pelos EPIs e veículos de trabalho.
- Desconto na aquisição de seguro para os veículos dos funcionários.
- Ações junto a comunidades e instituições sociorresponsáveis.
- Quem sabe ensina.
- "Eu também sou vendedor", prêmios para quem indicar novas oportunidades de vendas.
- Programa *trainee* e estagiário.
- Retenção de talentos

RH QUE DÁ LUCRO

SUGESTÕES DE PROGRAMAS E AÇÕES

Remuneração
PLR; Células de Trabalho e Remuneração Variável

Inovação
Diversidade; RH para Distribuidores; Capacitação para Mudanças; Recrutamento Premiado; Novas ideias; Quem Sabe Ensina e Formação de multiplicadores

Cidadania
Convênios para aquisição de moradia, moto e computador; Valorização de jovens; Jovem Aprendiz; Primeiro Emprego e Voluntariado Empresarial.

Educação
Adiantamento do 13º salário para faculdade; Comitê de Aprendizagem; Educar (Supletivo, Voluntários do Saber, parcerias e convênios com instituições de ensino); E-learning e Universidade corporativa

Qualidade de Vida/Benefícios
Blitz da Segurança; Apagão; Eventos Temáticos; Viva o que é bom com sua família; Massagem Corporal e Ginástica Laboral; Poupança Saúde e Mentoring.

Vivenciar o Negócio
Avaliação Entre Áreas; Oportunidades do mercado; Trilhas de Integração

Carreira
Avaliação de Desempenho e Potencial; Programa de Desenvolvimento Gerencial; Desenhando o Futuro; Inspirando Caminhos; Plano de Carreira; Programa Trainees e Estagiários e Quadros de Carreira.

Comunicação
Mensagem ao Diretor; Clube dos Correspondentes;Jornal interno; Plantão RH de Atendimento; TV fechada; Bate-Papo com o diretor; Você merece saber primeiro; Quadros de Aviso; Boletim Eletrônico e pocket, Agendão da semana; Direto da Fonte; Celebrar; Diretor com Você e Treinamento de Integração.

"É importante entender a realidade da organização e não adotar modismos. Todas as ações devem ter um filtro! Você não pode querer aplicar tudo o que leu sem fazer uma seleção. Portanto, leia, entenda e avalie."

CAPÍTULO 7

Práticas de Rentabilidade Certa

Parece que está na moda falar em "melhores práticas". Expressões como essa surgem o tempo todo no dicionário dos gestores. Entretanto, alguns deles, muitas vezes, não sabem como, onde e por que empregar determinadas palavras. Será que elas, de fato, dizem alguma coisa? Ah, dizem sim. Posso até afirmar que essas são algumas das "palavrinhas mágicas" deste livro.

Procurar as empresas que estão vencendo no mercado e tentar descobrir as suas melhores práticas de gestão, de fato, dá resultado. Afinal, repito, para que precisamos reinventar a roda? Além disso, educação e troca de experiências têm uma lógica própria (e inversa): quanto mais se divide, mais se cresce. Afinal, todo conhecimento que você passa às outras pessoas volta para você. Essa é uma regra que vale para sua vida pessoal e, também, para o mundo das organizações.

> "Através da aprendizagem, nos recriamos. Através da aprendizagem tornamo-nos capazes de fazer algo que nunca fomos capazes de fazer. Através da aprendizagem, percebemos novamente o mundo e nossa relação com ele. Através da aprendizagem, ampliamos nossa capacidade de criar, de fazer parte do processo gerativo da vida. Existe dentro de nós uma intensa sede para este tipo de aprendizagem."
>
> *(Peter Senge, um dos maiores pensadores da Gestão)*

Já vimos que as empresas devem estar em constante comparação com outras companhias. Não há mal nenhum em tentar saber o que elas fazem de melhor, conhecer seus grandes e principais projetos, as ações mais rentáveis e aquelas que geram um clima saudável, internamente. Assim, você conseguirá avaliar melhor o desempenho da sua equipe e estará mais perto do sucesso.

Mas será que agindo dessa forma estamos empregando aquele velho ditado "em administração nada se cria, tudo se copia"? Sinceramente, ficaria preocupado se a sua resposta fosse "sim". Na verdade, até mesmo a cópia dá trabalho, porque, para copiar, primeiro você tem de conhecer. E não adianta saber superficialmente sobre as práticas de sucesso das empresas. É importante identificar as características da cultura da organização, o contexto, quando e como uma determinada ação foi implantada, o andamento do projeto e os resultados obtidos. Sem contar que, para chegar a essa etapa do processo, você deve ter uma boa rede de relacionamentos. Afinal, sem conhecer profissionais de outras empresas, algumas delas não abrirão as portas para você.

Visitando o Magazine Luiza, pedi à diretora-geral, Luiza Helena, uma das minhas gurus, para copiar alguns programas. Ela respondeu: "Copie o que quiser, mas não conseguirá copiar a cultura e a alma da minha empresa". Que lição!

Outra dica: se você fizer *benchmarking* em outras organizações, procure descobrir o objetivo central e o foco de cada ação. Não se prenda aos detalhes, formulários e burocracia dos projetos. Quando voltar à sua empresa, é você quem definirá a melhor forma de criar determinado programa. E, principalmente, não tente copiar as melhores práticas dessas organizações, simplesmente porque são as melhores. Cada empresa tem sua cultura, seus valores e características. De nada adiantará implantar projetos prontos em organizações que, na maioria das vezes, são completamente diferentes. É importante avaliar e saber a melhor forma de colocar os projetos em prática.

Uma empresa mineira é bem diferente de uma carioca. Assim, é importante entender a realidade da organização e não adotar modismos. Todas as ações devem ter um filtro! Você pode ler um livro que seja um *best-seller* da administração, como "O Monge e o Executivo". Ainda assim, deverá filtrar as informações. Você não pode querer aplicar tudo o que leu sem fazer uma seleção. Portanto, leia, entenda e avalie.

É esse o caminho adotado por muitas organizações na busca do lucro e, também, uma das opções que lhe apresento. Aqui, vou mostrar algumas práticas de rentabilidade certa. Mais do que isso, vou continuar cumprindo o meu acordo com você e dar exemplos práticos de programas e ações simples que geram resultados.

Mas o que são melhores práticas? Se você perguntar isso a seus colegas de trabalho, cada um deles vai definir de uma forma, mas todas elas serão bem semelhantes. Alguns dirão que é a busca da excelência, ou seja, da melhor forma de desempenhar uma determinada ação, ou projeto. Com base neste conceito, o grande palestrante motivacional Valdez Ludwig dá uma dica:

> "Faça um trabalho espetacular e o mundo inteiro vai querer o seu produto".

Para simplificar, digo que as melhores práticas são aquelas que geram resultados, que geram lucro para a organização, além, é claro, de serem inovadoras, simples e eficazes. E é exatamente isso que todo empreendedor, comerciante, gestor, educador, estudante ou profissional de RH quer.

Nas empresas em que atuei como gestor de Recursos Humanos, implantei alguns programas que não tiveram sucesso, nem resultado. Algumas ações, ao contrário, geraram visibilidade e credibilidade para a área de RH porque comprovaram que podemos ser estratégicos e dar lucro. Neste capítulo, vou citar algumas práticas que, a meu ver, têm rentabilidade certa. São programas, muitas vezes, autofinanciáveis e simples de implantar, que exigem pouco ou quase nenhum investimento inicial. O segredo está na ideia, na forma de divulgar e envolver os funcionários da empresa nesses projetos.

Como disse anteriormente, não se prenda aos detalhes. Foque sua atenção no conceito de cada programa e no que ele pode trazer para a sua empresa. Os nomes que mencionarei aqui, por exemplo, foram usados em algumas organizações em que tive uma boa experiência e podem ser adaptados para a realidade e a cultura de outras companhias. Como são expressões fáceis de entender, utilizo essa nomenclatura, mas na sua empresa você pode (e deve) nomear da forma que achar melhor.

Já que estamos falando sobre isso, aí vai outra dica: sempre "batize" os programas com um nome simples, curto, e, de preferência, na língua portuguesa. Isso criará identidade para as ações e gerará mais identificação com o público-alvo. O nome é o primeiro passo para criar e engajar novos projetos. Se possível, crie também uma logomarca e, eventualmente, um mascote para as campanhas internas.

Agora, imagine que estou abrindo as portas da minha empresa para você. Vou lhe contar alguns casos de sucesso e que *geram rentabilidade certa* nas organizações.

Um bom exemplo é o *Centro de negócios*. Essa iniciativa comprova que o RH pensa no negócio de forma prática. Muitas vezes, a área de Recursos Humanos não foca suas ações com base nas pessoas que giram em torno do negócio (clientes, consumidores, fornecedores, comunidade, acionistas etc.). Tudo o que é feito pelo RH precisa ter reflexo nessas pessoas. O RH precisa saber o que são os *stakeholders*.

Outra iniciativa que se encaixa perfeitamente nesse conceito é *"RH para distribuidores".* Geralmente, os distribuidores credenciados de uma empresa são pequenos empresários que não conhecem ferramentas de gestão atualizadas e imaginam que é muito caro ter uma administração moderna. Então, qual é o papel do RH? Ele deve repassar para esses parceiros ferramentas simples, de baixo custo, e que podem ser implantadas com sucesso em empresas de qualquer porte. Com o tempo, você verá o resultado desse programa nas vendas de sua empresa. Não se esqueça de que o distribuidor é um parceiro que carrega a marca da sua companhia, e é ele, geralmente, que está em contato direto com o cliente.

Outro programa que é garantia de lucro para as organizações é o "Novas Ideias". Afinal, toda empresa valoriza e quer manter os funcionários criativos. Para isso, o RH deve fornecer ferramentas ou formulários para facilitar o envolvimento do funcionário. Assim, toda vez que o empregado pensar em formas inovadoras de desempenhar suas atividades, terá uma maneira de formalizar sua ideia e fazer com que ela chegue às mãos certas. Mas atenção! Os programas de sucesso são aqueles que incentivam e acolhem ideias agregadoras, dadas por pessoas que atuam diretamente com os temas. Quem trabalha todos os dias num determinado setor ou função, normalmente, é a pessoa que conhece melhor aquele processo e, por isso, conseguirá avaliar e propor melhorias para as atividades. Na Coca-Cola Minas Gerais se paga como prêmio 10% do valor economizado em um ano a partir da nova ideia.

Apresentei rapidamente algumas iniciativas que comprovam a minha afirmação: o RH dá lucro! Conheça, detalhadamente, outras ações com rentabilidade certa nas empresas:

7.1. Mercado UAI

Este é um programa de Recursos Humanos voltado para o *market mindset*, ou seja, para o entendimento de todos os empregados, de todas as áreas, para a importância das vendas. O funcionário, independentemente do seu setor de atuação, precisa ajudar a empresa a vender. Como isso é possível? Todos eles deverão entender do negócio, conhecer seus produtos, suas promoções, seus concorrentes, estratégias e oportunidades de mercado. Eles têm de saber que estão no "mesmo barco" e que somente o lucro garante o crescimento da organização e dos seus empregados. Assim, haverá sucesso para todas as partes.

A área de RH é fundamental nesse processo e precisa disponibilizar treinamentos para as pessoas entenderem o negócio. Além disso, é importante formar grupos para visitas ao mercado e criar canais a fim de ouvir ideias e sugestões dos empregados, que receberão prêmios pelo impacto gerado pelas contribuições.

Esta é uma iniciativa que tem a capacidade de gerar um enorme lucro para a organização, e o custo é muito baixo, quase zero. A empresa investe, basicamente, em treinamentos internos e premiações das melhores ideias e sugestões dos funcionários.

Em ações como esta, geralmente, as pessoas mais simples preferem receber prêmios úteis, como bicicleta, fogão, televisão, geladeira, aparelho de som, DVD etc. Os empregados valorizam esse tipo de recompensa. Você pode dar R$100 a uma pessoa como gratificação, mas se a premiar com um DVD que custou o mesmo valor, terá muito mais importância, porque ela concretamente vai "pegar" e utilizar o prêmio.

É uma ideia simples, mas que traz um grande aumento nas vendas. Pense no seguinte: se você tem cinco mil funcionários, terá cinco mil pessoas que vão consumir o produto, levar para casa e ainda argumentar a favor da empresa em conversas e momentos informais com os amigos. Terão, ainda, 5 mil ruas mapeadas, cada um será dono da rua onde mora, avisando à empresa sobre ações da concorrência. Quando o empregado entende do negócio da organização, ele se sente parte dela e, literalmente, ajuda a vender os seus produtos e serviços.

7.2. Células de trabalho

Eu não acredito em remuneração fixa. Acredito que o funcionário deve ter um salário, mas também ganhar uma quantia extra, como forma de reconhecimento pelo seu desempenho e pela contribuição com o sucesso da empresa – é a remuneração variável.

Algumas ações são comuns em uma pequena, média ou grande empresa, e esta é uma delas. Toda organização pode implantar esse tipo de remuneração. Parece piada, mas minha empregada doméstica, por exemplo, recebe uma parte fixa e um bônus quando desempenha bem as tarefas, atinge seus objetivos e os supera. Ela tem indicadores de desempenho e fica feliz quando recebe o salário em dobro! Portanto, acredito que a forma mais justa de remunerar é aquela que devolve para o funcionário o que ele contribuiu para a organização.

Algumas pessoas vão se perguntar: a remuneração variável fortalece a competição entre os empregados? Se bem implantada, não. O grande segredo é ter remuneração variável para o indivíduo e para o grupo. Assim, a empresa deve definir indicadores individuais, a fim de estimular que cada pessoa tenha um desempenho melhor. Porém, quando há indicadores coletivos, todos os funcionários envolvidos terão de ir em busca de resultados coletivos.

Vou apresentar um exemplo simples: você é da área de Entregas e o índice de retorno é alto. Se esse for um indicador importante para a empresa, todas as pessoas da organização vão trabalhar para que as taxas diminuam. O programa "Células de trabalho" funciona dessa forma. Assim, os funcionários têm um desempenho melhor em busca de um único objetivo. Para cada ponto de queda na taxa de retorno, são gerados X pontos, que se transformam em pagamento em dinheiro. Toda a organização é dividida em células de trabalho, e esses grupos têm indicadores comuns. Os resultados alcançados são revertidos em remuneração extra para o funcionário, como prêmios e bônus.

Acredito que todas as áreas de uma empresa devem ter indicadores de desempenho, para que seja possível mensurar o tamanho da participação de todos nos resultados. A organização pode medir o volume de vendas, a capacidade de produção, o turnover etc. Eles servem para os empregados saberem se estão atingindo os objetivos esperados e se compararem com o mercado. Além disso, com os indicadores, será mais fácil calcular o valor que deve ser repartido e quanto retornará para os funcionários.

Com o programa "Células de trabalho", os empregados são avaliados por desempenho e podem receber vários salários extras por ano, de acordo com a contribuição para o lucro da empresa. Mas lembre-se: todos os dados devem ser bem divulgados, mês a mês. O funcionário precisa conhecer os resultados e avaliar o que precisa ser melhorado, para atingir as metas.

O programa é autofinanciável porque o lucro repartido é gerado pelo faturamento adicional às metas "oficiais" da empresa.

7.3. Quem sabe ensina

Já falamos sobre este programa nos capítulos anteriores. No entanto, vale ressaltar a importância estratégica do "Quem sabe ensina". Este é um exemplo concreto de um programa de Recursos Humanos com impacto rápido nas vendas. E o que todo empresário deseja? Ele quer saber quanto de lucro os programas de RH vão trazer para a organização. Está aí uma boa forma de comprovar que o investimento em pessoas vale a pena.

O "Quem sabe ensina" transforma as lideranças em multiplicadores do conhecimento. Na Coca-Cola MG, os líderes da área de vendas e distribuição são treinados e, durante 90 dias, eles se tornam multiplicadores. Esses coordenadores treinam equipes e depois acompanham o desempenho de cada funcionário no mercado. O resultado? Aumento de produtividade e qualidade do trabalho. Além, é claro, de crescimento das vendas.

Aprendi com o programa que, quando o líder se transforma num multiplicador e depois vê, na prática, como está o desempenho do funcionário, corrigindo e ensinando sua equipe, isso gera resultado e aumento considerável nas vendas.

Segundo Stephen Covey,

"o verdadeiro líder consegue fazer com que as pessoas vejam seu potencial e valores de forma tão clara que eles se sentem inspirados a enxergar por si mesmos".

Para ilustrar esse conceito, Corey pediu à plateia que trocasse os óculos entre si e perguntou se enxergavam da mesma forma com os óculos do outro. Nós, líderes, queremos fazer com que os outros enxerguem as coisas através dos nossos óculos, mas, por mais que eles tentem, nunca vão conseguir, pois os nossos óculos são diferentes dos deles. Temos é de inspirar as pessoas a verem o mesmo que nós pelos seus próprios óculos. Esse é o grande desafio do líder.

COMPETÊNCIA
DESENVOLVIMENTO
Como ocorre o desenvolvimento de uma competência

70%	20%	10%
Experiências On-the-Job (deixe-me fazer)	**Mentoring, Coaching e Feedback** (me ensine)	**Treinamento Formal** (me diga)

7.4. Treinamentos focados em vendas

Contar com equipes capacitadas e que apresentem desempenho diferenciado é o desejo de toda empresa. Afinal,

"um desempenho superior depende de um aprendizado superior".
(Peter Senge)

No entanto, para que isso ocorra, é preciso que os profissionais atuem em ambiente favorável, tenham treinamentos técnicos e comportamentais. Afinal, com tanta informação e tecnologia disponíveis, o capital humano torna-se o diferencial do negócio.

Hoje, quem não investe em gente acaba perdendo espaço para a concorrência, e isso pode significar um risco para a saúde da sua empresa. Portanto, capacitar equipes com treinamentos focados em vendas pode ser um diferencial do vendedor no mercado. Ele precisa conhecer a fundo todos os produtos e serviços oferecidos pela sua organização, precisa estar por dentro das promoções e saber argumentar com o cliente. Porém, muitas vezes, os empresários e as áreas de RH esquecem-se de um ponto crucial: qual o impacto do curso nos resultados do negócio? Treinamento precisa ser habitual e com objetivo definido, acompanhado e medido.

Nas empresas em que eu atuei, criou-se uma área com foco em treinamento comercial intensivo. Os profissionais de RH são capacitados e estão em constante sintonia com o mercado, com o objetivo de passar para os funcionários da área de vendas todas as novidades e as informações sobre os produtos comercializados pela organização. Os treinamentos são ministrados diariamente, durante pelo menos uma hora. Esses profissionais "comem e dormem" na área de vendas.

Assim, o papel da área de treinamento é facilitar a motivação e capacitar o profissional para que as ações se transformem em resultados práticos e mensuráveis. Analistas de RH são responsáveis por ministrar, organizar e envolver as equipes de vendas com as estratégias e focos da organização.

Apresentei algumas práticas que considero muito importantes para você construir um RH que dá lucro. Agora, passo a bola para você. Selecione as principais ideias, estude, conheça outros *cases* e adapte algumas dessas ações em sua empresa. Mas lembre-se: não basta copiar; o mais importante é inovar, sem esquecer a cultura organizacional! Mais do que isso, para uma prática ser considerada rentável, não se pode esquecer de mensurar seu impacto na organização. No capítulo a seguir, apresento formas simples de mensurar os resultados dos projetos e programas implantados pelo RH estratégico. Caneta e papel, comece já a anotar!

"Mais do que produtos confiáveis e seguros, que traduzam todas as qualidades dos serviços oferecidos pela organização, é importante que cada processo dela seja um bem comum e cada empregado compartilhe de uma mesma visão."

CAPÍTULO
8

Mensuração de Resultados em RH

Quantas unidades de produtos produzidos pela sua empresa o RH ajudou a vender hoje?

Já não é preocupante (para mim, para qualquer um de nós e ainda mais para as organizações) dizer que vivemos a busca incessante pelo lucro. Acredito que não há nada de ruim em dizer isso, afinal, vivemos a economia de mercado, que se justifica desta forma: é necessário que a diferença entre ganhos e despesas resulte em um saldo positivo atraente e que possibilite o investimento em pessoas, produtos, infraestrutura e processos. Traduzindo em linhas gerais, apenas com o lucro é possível oferecer boa remuneração aos funcionários, construir uma relação de confiança com os acionistas, pagar impostos, abrir novas vagas de emprego, estimular o desenvolvimento profissional e a qualificação de empregados, estudar novas formas de aumentar a credibilidade dos produtos, investir em tecnologias e diferenciais competitivos no mercado etc. Para tanto, não é necessário que a empresa ganhe somas extraordinárias em curto prazo. Mas é importante saber que o investimento se relaciona diretamente com a obtenção de resultados, ou seja, investe-se com a intenção do lucro e, ao lucrar, é possível investir. Só não podemos nos esquecer de compartilhar esse sucesso com todos os que contribuíram para alcançá-lo.

106 RH QUE DÁ LUCRO

Nos capítulos anteriores, vimos o porquê de se investir em Recursos Humanos. Os números e os *stakeholders* comprovam: investir na gestão de pessoas dá resultados. Falamos em como a motivação está alinhada ao aperfeiçoamento de processos e à afirmação da empresa no mercado. Afinal, mais do que trabalhar com entusiasmo e eficácia, não podemos nos esquecer de que nossos clientes internos são consumidores em potencial e público capaz de influenciar, para bem ou para mal, a imagem que se tem sobre determinada organização. Como diz o ditado:

"Levam-se cem anos para construir uma reputação e apenas trinta minutos para destruí-la".

A empresa que se dedica apenas a encantar e satisfazer consumidores e clientes "externos", ou seja, aqueles que não se relacionam direta e internamente com ela, engana-se! Mais do que produtos confiáveis e seguros, que traduzam todas as qualidades dos serviços oferecidos pela organização, é importante que cada processo seja um bem comum e cada empregado compartilhe de uma mesma visão.

Além disso, enumerei algumas das ações e programas, alinhados de acordo com o modelo de gestão, que tornam possível a conquista desse ambiente motivador e de aprendizado contínuo. A motivação, este sentimento capaz de provocar mudanças incríveis, "é uma porta que só se abre por dentro". Assim, como "cada cabeça é um mundo" e dentro de uma organização lidaremos com públicos com valores, costumes, vontades e sonhos diferentes, torna-se necessário investir em áreas, como: Carreira, Cidadania, Comunicação, Educação, Inovação, Qualidade de Vida/Benefícios, Vivência do Negócio e Remuneração. Essas, conforme foi dito no quinto capítulo deste livro, estimulam o bem-estar, o crescimento e o sentimento de dono das pessoas da organização. Mais do que isso, também falamos de prática de rentabilidade certa, ou seja, programas e ações autofinanciáveis e simples de implantar, que exigem pouco ou quase nenhum investimento inicial.

Se formos traçar um escopo do que foi exposto até agora, diria que nos primeiros capítulos apresentei como o gestor pode atuar na organização, apenas se orientando pelas práticas que deram bons resultados em outras empresas. Assim, falamos sobre os modelos e as qualidades essenciais ao líder de Recursos Humanos; justificamos como o investimento em pessoas está atrelado aos resultados com os exemplos da Coca-Cola (Pernambuco e Minas Gerais), Kibon e Bompreço Supermercados, onde a gestão de pessoas foi essencial para elevar a rentabilidade. Quebramos o antigo paradigma sobre a área de Recursos Humanos (só servia para gastar...). Hoje, ela define estratégias de forma compartilhada.

Discutimos o modelo de gestão, ou seja, os campos de atuação do RH, de onde saem os programas que facilitam um ambiente de motivação. Antes, porém, falamos sobre os passos necessários ao RH estratégico na organização. Por fim, relacionamos cerca de 30 programas e 30 ações que podem ser implantadas, hoje mesmo, na sua empresa e destacamos aquelas que não podem faltar.

E aqui estamos! Naquele gargalo (considerado para uns) – a necessidade de avaliar os resultados das práticas de gestão de pessoas. Temos argumentos e dados concretos que influenciaram no lucro das organizações, a exemplo das empresas em que trabalhei, mas tem gente que vai questionar sobre a forma como você mede os resultados das ações e programas implantados. Vão falar: "Você acha que essas práticas estão adequadas ao porte da nossa empresa?" "Como você pretende medir o nível de motivação dos nossos empregados?"

Há, ainda, aqueles que o deixarão de "saia justa", ao dizer: "Na nossa empresa, este programa não poderá ser implantado. Escolha este ou aquele que possa ser suportado pelo nosso orçamento", ou "Já realizamos isto aqui, mas não deu certo" etc. Para esse ou qualquer questionamento, tenho apenas uma coisa a dizer: os tempos mudaram, temos em mãos formas autofinanciáveis, simples e eficientes de como fazer. Além disso, temos condições, sim, de avaliar os resultados em RH. É o que vou mostrar, através de dois exemplos.

8.1. Bons exemplos

Em uma das empresas em que eu trabalhei, pude contar com uma área inteiramente dedicada à realização de treinamentos. Essa área, formada por analistas, tinha o objetivo de qualificar, informar, conscientizar e preparar funcionários da equipe comercial, para que pudessem posicionar os produtos/serviços da empresa, esclarecer aos clientes (venda direta) e consumidores (venda final), otimizar as vendas e identificar oportunidades de melhoria e expansão do negócio da organização no mercado. Qualquer empresa pode ter também uma área ou pessoa responsável por treinar as demais sobre serviços/produtos oferecidos ou processos internos, para que o uso e a aplicação destes tenham mais eficácia. Ou seja, se você é proprietário de uma empresa que fabrica softwares, pode eleger um funcionário multiplicador para esclarecer sobre a aplicação do programa, para que os demais empregados se sintam participantes das estratégicas e saibam mais sobre a empresa.

Depois de meses treinando funcionários nessa empresa, sentimos a necessidade de aplicar uma avaliação que nos indicasse se havia realmente aproveitamento e impacto dos treinamentos no mercado.

Posso dizer apenas que ficamos muito surpresos com os resultados. Chegamos a uma forma de avaliação em que fizemos um cruzamento entre os meses de curso e o volume de produtos vendidos. Como chegamos aos resultados? Primeiro, juntamente com a coordenadora da área, estabelecemos o período em que as avaliações seriam feitas. Em seguida, dividimos o mesmo número de funcionários para integrar o grupo de controle e, o outro, grupo experimental. Assim, faria parte do grupo experimental o empregado que estivesse sujeito às mudanças e de controle, os demais, a título de comparação.

Assim, o grupo de controle foi constituído por aqueles empregados de mesmo cargo e atividade na empresa que não fizeram o treinamento. Já o grupo experimental foi compreendido por aqueles que participaram do curso ministrado pela equipe de Treinamento. Uma variável importantíssima do processo foi o período de avaliação. Avaliaríamos o desempenho do grupo durante os mesmos dias. Afinal, condições climáticas, mudanças na empresa etc. poderiam prejudicar a síntese dos resultados. Assim, medimos a atuação dos dois grupos concomitantemente. A avaliação, iniciada em fevereiro, mostrou a eficiência do treinamento. Apenas em abril de 2007, o grupo experimental apresentou um desempenho 20% maior do que o de controle, de acordo com o número de produtos vendidos.

Outro exemplo foi o resultado que obtivemos em uma das empresas em que trabalhei, com a implementação da remuneração variável para os empregados envolvidos no processo produtivo da organização. Desde quando o programa foi estendido aos funcionários da área, aumentamos a produtividade O mais interessante é que não inauguramos linhas de produção, não compramos máquinas nem incorporamos novos sistemas. O que aconteceu? Reduzimos o desperdício do produto e promovemos melhor controle da produção. Como chegamos ao resultado? Apenas comparando o resultado obtido no mês posterior à implementação dessa política salarial. Simples, não? O RH dá lucro.

Assim como esses exemplos, você pode adotar formas simples de verificar os resultados dos projetos e programas implantados. Veja algumas delas:

8.1.1. Indicadores de desempenho

Uma forma eficiente de medir o impacto das ações na empresa é estabelecer Indicadores de Desempenho, ou simplesmente os KPIs de cada área (sigla da expressão em inglês *Key Performance Indicator*). Muito úteis para avaliar a eficiência dos processos e assegurar que seja mantido ou alcançado o mínimo desejado, devem ser quantificados mensalmente, com metas desafiadoras, mas atingíveis.

Os KPIs mais utilizados são: rotatividade, absenteísmo; horas de treinamento etc.

Além de orientar recursos e ações de acordo com as metas da empresa, assinalam para o gestor o melhor momento de avançar ou mudar de rumo e indicam o que vai bem ou mal na organização. (Veja no anexo como calcular indicadores de RH.)

Os indicadores ainda podem ser detalhados para se ter uma melhor avaliação do que realmente representam para a empresa. Por exemplo: a partir do KPI de rotatividade, o gestor pode avaliar qual o custo para preencher uma vaga, o percentual de vagas preenchidas com recrutamento interno, os gastos com demissão, e assim por diante. Você também pode definir indicadores individuais aos seus liderados durante uma Avaliação de Desempenho e Potencial. Com esse formulário em mãos, o gestor pode acompanhar o que foi realizado de acordo com as metas estabelecidas a cada funcionário. Por exemplo: como essa avaliação acontece semestralmente, na primeira etapa do programa, a liderança estabeleceu com o liderado as metas e os resultados que precisa atingir. Em um segundo momento, a liderança já pode medir o desempenho do empregado.

Há ainda as Avaliações 360°, quando, num mesmo processo, líderes avaliam liderados, liderados avaliam líderes, líderes se avaliam e clientes internos avaliam os líderes.

8.1.2. Pesquisa de opinião

Outra forma de avaliar as ações de RH é por meio da consulta aos funcionários e à direção sobre o que tem sido colocado em prática. Ao consultar sobre os programas, o gestor tem como analisar o que deve continuar, ser implantado ou simplesmente terminar. Para tal, é necessário estabelecer o objetivo a ser atingido pela pesquisa; os fatores que serão avaliados, como, por exemplo, credibilidade, condições de trabalho, desenvolvimento de RH, benefícios, remuneração, liderança, trabalho em equipe, comunicação e participação. Também se deve definir a metodologia a ser aplicada (de fácil entendimento por todos os níveis da organização), saber como será feita a tabulação dos resultados, a divulgação e as melhorias com as áreas envolvidas.

A pesquisa continua sendo a forma mais simples e fácil de saber o que as pessoas da organização pensam da área e se as ações e os programas têm atingido o objetivo proposto.

8.2. Um conselho

É importante que o gestor tenha consciência de que, antes de colocar em prática programas e ações, caminhe pelos passos que precedem a formalização do modelo de gestão. Ao se orientar por essas etapas, percebem-se carências, problemas, demandas e necessidades da organização. Com esse conhecimento em mãos, torna-se possível definir o que é necessário fazer para corrigir, melhorar ou aperfeiçoar os processos, relacionamentos e formas de trabalho.

Até o momento, falamos em ações, projetos e forma de mensurá-los. No entanto, podemos atrair ainda mais resultados ao adotar simples hábitos, como, por exemplo, ao incorporar em nosso dia a dia um novo vocabulário que realmente faz "mágica" no ambiente corporativo. Quer saber mais? Então passe para o próximo capítulo.

"Obstáculos são aquelas coisas medonhas que você vê quando tira os olhos do seu objetivo."

Henry Ford

CAPÍTULO 9

Palavrinhas Mágicas

"Quem está na chuva é para se molhar."; "Mais vale um pássaro na mão do que dois voando."; "A união faz a força..." São muitas as frases e expressões populares no Brasil e elas estão presentes nos diálogos das pessoas, em todos os cantos do país. Algumas vezes, são ensinamentos que sobrevivem por gerações e gerações.

Neste capítulo, vou falar de algumas expressões que uso, frequentemente, nas minhas palestras e no meu dia a dia. No entanto, minha intenção não é criar um dicionário ou fazer você seguir e repetir estas palavras – como se diz – "ao pé da letra". Quero apenas que você pense no significado de cada uma delas, porque certamente muitos destes termos, que costumo chamar de "palavrinhas mágicas", farão a diferença no relacionamento com seu cliente, seus amigos, seus funcionários e parceiros. Além disso, são palavras extremamente importantes no mundo dos negócios.

Mas não é porque eu as chamo de "palavrinhas mágicas" que elas vão mudar o seu trabalho e a sua vida, como num efeito de ilusionismo. Mais do que falar sobre elas, você deve tentar praticar estas palavras e analisar o significado de cada uma delas. Vamos lá!

Para começar, vou falar de um trio, que anda sempre junto: meta, entusiasmo e disciplina. Essas são palavras-chave para se ter sucesso, em qualquer ramo da sua vida. Como já dissemos neste livro, primeiro, você precisa estabelecer uma meta, saber aonde quer chegar. Se você sonhar alto, chega lá em cima.

A maior parte dos livros de autoajuda dirá que, para você realizar um sonho ou conseguir algo muito difícil, tem de ter pensamento positivo e acreditar naquele desejo. Alguns autores, no entanto, esquecem-se do principal: da ação para tornar o sonho realidade. Apenas a vontade, por maior que seja, não é suficiente. Além do sonho, do desejo, da vontade, você deve ter entusiasmo e disciplina. Entusiasmo para conseguir vencer as barreiras, que certamente virão. Além do mais, no mundo dos negócios e também na vida pessoal, consegue-se muito pouco sem energia. Se existe um grande desejo, é necessário ânimo para conquistá-lo. Afinal,

"*o entusiasmo individual é que inicia qualquer processo de mudança. E o entusiasmo gera mais entusiasmo*".

(Peter Senge)

E a disciplina, onde entra? Ela é fundamental para esse "trio maravilha", e eu diria que é o fator "realizador" das coisas. Você precisa ter persistência, muitas vezes treinar muito, estudar muito e até abrir mão de horas de lazer para conseguir sucesso profissional. Será que isso está errado? É claro que não. Isso se chama disciplina. Para passar em um concurso público ou no vestibular, quantas pessoas passam horas e horas lendo livros e fazendo questões preparatórias? Para ser um grande jogador de futebol, quantos homens treinam, muitas vezes durante anos, para ter mais habilidade e preparação física? E os jogadores de basquete? Tenho certeza de que os melhores "cestinhas" do mundo fizeram, milhares e milhares de vezes, o mesmo movimento tentando acertar o alvo. Você pode ser o que você quiser!

Oscar Schmidt, o maior jogador de basquete da História do Brasil, não concordava com o apelido "Mão Santa". Ele diz que preferia que o chamassem "Mão Treinada".

É por isso que eu gosto tanto da declaração de Michael Jordan, o maior jogador de basquete dos Estados Unidos em todos os tempos:

"*Errei mais de 9.000 cestas e perdi quase 300 jogos. Em 26 diferentes finais de partidas, fui encarregado de jogar a bola que venceria o jogo... E falhei. Eu tenho uma história repleta de falhas e fracassos em minha vida. E é exatamente por isso que sou um sucesso".*

Portanto, tenha disciplina e persistência que você vai longe!

Espera aí! Logo atrás do "trio maravilha", vem uma outra palavra importantíssima: a atitude. É isto que um bom gestor imagina dos seus melhores profissionais: que eles não esperem a tempestade passar, a crise acabar (ou piorar) para tomar uma decisão e agir. Sem atitude, pouco adiantará ter meta, entusiasmo e disciplina. Imagina um jogador de basquete, que treinou durante meses para o final do campeonato e no jogo decisivo, na hora de marcar os últimos pontos da partida, prefere deixar de arriscar e fazer o arremesso. Pois é, neste caso, todo o esforço não valeu muito, concorda? É como um adolescente que fica meses paquerando uma garota e não tem coragem de chamá-la para sair. O tempo passa, a oportunidade também, e você pode perder a chance de conquistar aquilo que tanto queria.

Você conhece esta frase do escritor especialista em Programação Neurolinguística (PNL) Anthony Robbins?

"O encontro da preparação com a oportunidade gera o rebento que chamamos sorte."

Preparação e competência também são uma questão de atitude.

Para que suas atitudes gerem bons resultados, muitas vezes você terá de Inovar. Se agir como todas as outras pessoas, dificilmente conseguirá surpreender seus amigos, familiares e colegas de trabalho. Pense grande! Pense diferente! Não importa se sua ideia pareça estranha no primeiro momento. Pesquise sobre o assunto de seu interesse, busque as melhores práticas do mercado e pense naquilo que ainda pode ser feito para melhorar os produtos e os serviços da sua empresa.

Além disso, estimule a criatividade de sua equipe, reconheça e premie as boas ideias. Elas valem muito!

"Muitas pessoas continuam pela vida afora utilizando métodos que funcionaram no passado, na esperança de que eles os levem ao sucesso. O resultado é o fracasso."

(Roberto Shinyashiki)

A inovação também vai evitar que sua empresa "siga a maré" do mercado e esteja sempre copiando os modismos das outras organizações. Muitas vezes, produtos e serviços aparecem de forma meteórica, contagiam o mercado e desaparecem com a mesma rapidez, sendo facilmente esquecidos. Pense nisso: o que é moda passa! Você e sua empresa têm de continuar, não é?

A frase de Henry Ford

> "obstáculos são aquelas coisas medonhas que você vê quando tira os olhos do seu objetivo"

me faz lembrar de outra regra fundamental para gestores e empresários: a definição de estratégias e focos do negócio. Onde sua empresa vai estar daqui a cinco ou dez anos? Não importa quais são os objetivos de curto, médio e longo prazos, você precisará estabelecer as estratégias certas para conseguir conquistar suas metas. Para isso, será necessário abrir mão de algumas ações e focar em outras, que são mais importantes no momento.

Saber onde empregar o tempo e o dinheiro da empresa é um dos grandes desafios dos profissionais. Por isso, o foco é tão importante. Pense neste simples exemplo: um jovem estudante quer ser o melhor aluno da classe e o primeiro no vestibular, o campeão e artilheiro do campeonato de futebol, o melhor jogador de videogame e o rapaz da turma que mais sai nos fins de semana. Você acha que ele vai conseguir ser tudo isso ao mesmo tempo?

A regra vale também para o mundo dos negócios. Reúna sua equipe pelo menos a cada três meses, estabeleça o foco e as estratégias da sua empresa e mexa-se para conquistar os objetivos traçados. Assim, você evitará os investimentos pouco rentáveis e terá bons resultados num tempo menor.

Após estabelecer as estratégias do ano com a sua equipe, é hora de colocá-las em prática. Você poderá criar ações e programas, investir em uma nova frota de veículos, contratar mais pessoas, aumentar a capacidade de produção da sua empresa ou investir em benefícios e treinamentos para seus funcionários. É esse o caminho! Novas ações, geralmente, enchem as pessoas de ânimo e entusiasmo, e isso é sempre bom. O problema é quando os programas não têm continuidade. Aí, a empresa pode perder a credibilidade e a confiança de seus funcionários. Se os gestores não sabem o que estão fazendo e, com frequência, lançam e interrompem projetos, como as demais pessoas da equipe saberão como agir?

Já que falei em gestores, cito outra "palavrinha mágica": a liderança. Líderes bem preparados são fundamentais para o bom andamento do seu negócio. E não falo apenas tecnicamente. Refiro-me, principalmente, à capacidade de extrair o melhor das pessoas, saber gerenciar projetos, administrar conflitos e relacionamentos entre os funcionários.

> "Um líder é alguém que identifica e satisfaz as necessidades legítimas de seus liderados... Para liderar, você deve servir."
>
> (James Hunter, autor de O Monge e o Executivo)

São eles também que vão desdobrar as estratégias da organização para as equipes – uma função, que, por si só, já é extremamente importante. E não pense que os líderes são aqueles que têm 20 ou 30 anos de casa e muita "bagagem" nas costas. Em muitas empresas, esta é, sim, a fotografia dos gestores. No entanto, hoje, muitos jovens exercem esse papel. Daí a importância de prepará-los desde cedo e pensar não só na experiência, mas também no potencial das pessoas que trabalham com você. Lembre-se: líderes preparados, treinados e com foco no negócio farão sua empresa lucrar bem mais.

Você sabe a diferença entre chefe e líder? Chefe é aquele que o empregado tem medo de dizer que errou e líder é aquele que o funcionário tem vergonha de contar...

No entanto, uma coisa não se aprende na escola, nos cursos de MBA, mestrado ou doutorado: é o relacionamento com as pessoas. Por isso, este é um dos grandes desafios dos jovens gestores que entram no mercado de trabalho. Muitas vezes, eles não sabem cobrar maior desempenho da equipe, administrar conflitos, ou se comunicar corretamente com funcionários de outras áreas da organização.

Se, com a minha experiência – de 30 anos na área de RH –, pudesse definir características dos profissionais em ascensão nas empresas, diria que o relacionamento e a disponibilidade são pontos fundamentais (se não forem os principais...). Você, como gestor, sempre deve ajudar o funcionário a desempenhar melhor seu papel, estar mais envolvido com a organização e mais inclinado às mudanças.

A empresa pode ter os equipamentos mais modernos do mundo e a equipe mais capacitada do mercado; isso pouco adiantará se as pessoas não souberem se relacionar e trabalharem em um clima agradável. Ter bons relacionamentos é benéfico para você, para seus colegas de trabalho e para a saúde da organização.

Além de saber lidar com as pessoas, os bons profissionais devem ter disponibilidade. Afinal, problemas não têm hora para acontecer e a empresa precisa saber que pode contar com o funcionário, em alguns casos, após o horário de trabalho. Se existe uma tarefa que ninguém quer fazer, ofereça-se para resolvê-la!

Outra palavra que merece destaque: a simplicidade. De acordo com o dicionário Aurélio, simplicidade é a qualidade do que é simples, do que não apresenta dificuldade ou obstáculo. Significa também naturalidade, espontaneidade, elegância, caráter próprio, não modificado por elementos estranhos.

Portanto, para que complicar se podemos simplificar? Para isso, você deve evitar burocracias e modismos a fim de se concentrar no que é fundamental para sua empresa. Em vez de fazer enormes projetos para implantação de um novo programa na organização, minha dica é: escreva no papel as principais ideias e os objetivos dessa ação, coloque-os em prática (independentemente dos recursos disponíveis) e depois vá aprimorando o trabalho. Isso é tornar as coisas simples! Uma coisa que sempre digo à minha equipe: "Faça o bom primeiro e aos poucos pense no ótimo". O que não dá é ficar de braços cruzados vendo a banda passar. Algo tem de acontecer!

A vida, algumas vezes, parece complicada demais. Tente enxergar o lado bom dos desafios, aprenda com os erros (próprios e dos outros) e tenha sempre otimismo. Você verá que as coisas são bem mais simples do que parecem ser. O clipe de papel foi inventado por uma pessoa com ideias simples ou por uma comissão de estudiosos?

Por isso, para encerrar este capítulo, deixo o trecho de uma música. Nele, você vai encontrar mais outras tantas "palavrinhas mágicas".

Veja na próxima página.

"Devia ter amado mais
Ter chorado mais
Ter visto o sol nascer
Devia ter arriscado mais
E até errado mais
Ter feito o que eu queria fazer
Queria ter aceitado as pessoas como elas são
Cada um sabe a alegria e a dor que traz no coração

O acaso vai me proteger
Enquanto eu andar distraído
O acaso vai me proteger
Enquanto eu andar...

Devia ter complicado menos
Trabalhado menos
Ter visto o sol se pôr
Devia ter me importado menos
Com problemas pequenos
Ter morrido de amor
Queria ter aceitado a vida como ela é
A cada um cabe a alegria e a tristeza que vier."

(Epitáfio – Titãs)

"Se o cliente reclama, sorte sua. É uma chance para você
descobrir qual é o problema dele. E resolvê-l."
(Luiza Helena, do Magazine Luiza)

CAPÍTULO 10

Aprenda com os Erros

No capítulo anterior, falamos das "palavrinhas mágicas", que são expressões que utilizo no meu dia a dia e que acredito serem propulsoras do sucesso nas organizações. Agora, vou falar de coisas que não fazem bem para a saúde das empresas em geral. São atitudes que não fazem sua carreira e sua organização deslancharem.

Gostaria de comentar sobre os erros que já cometi – e que muitas empresas ainda cometem – no gerenciamento das pessoas e dos processos de uma organização. Em alguns casos, são mudanças de atitude, de pensamento e de postura, que farão muita diferença para você e sua empresa. Então, vamos lá!

10.1. Separar a vida pessoal e profissional

A nossa vida é somente pessoal, somos indivíduos, e dela fazem parte diversos aspectos, como trabalho, lazer, espiritualidade, cidadania, amigos...

Quando você sai de casa, pensa: "Agora não sou mais o fulano, sou outra pessoa. Todos os meus problemas familiares ficaram na porta da minha casa". Se você acha que isso faz sentido, está se enganando! Somos todos uma única pessoa, com problemas e sentimentos. É claro que precisamos (e devemos) tentar administrar nossas emoções – isso se chama inteligência emocional. No entanto, nem sempre é possível gerenciar nossa vida e nossos problemas de forma tão racional.

Seu filho está com problemas na escola, você tem várias contas para pagar, sua esposa está doente e você ainda tem de trabalhar... E agora, o que eu vou fazer?

Organize a sua agenda no trabalho, antecipe as demandas e controle bem o seu tempo. Assim, se por algum motivo você precisar se ausentar, não terá outras preocupações na cabeça.

Outra dica: sua vida particular, seu convívio com amigos e familiares e seus momentos de lazer devem continuar, independentemente da quantidade de trabalho que você tem durante um determinado período. Sem os momentos prazerosos e relaxantes, sua produtividade e sua criatividade cairão e, com o tempo, a qualidade do seu trabalho também será prejudicada.

"Uma das minhas definições de sucesso é viver de um modo que o leve a sentir continuamente uma quantidade enorme de prazer e muito pouco sofrimento – e, devido ao seu estilo de vida e maneira de ser, fazer com que as pessoas ao seu redor sintam muito mais prazer do que pesar. Para conseguir isso, devemos crescer aprendendo, ouvindo, mudando e contribuindo. Segundo esta definição, qual é o seu nível de sucesso atual? E, como somos seres em evolução, o que você poderia fazer hoje mesmo para desfrutar mais a vida, ou colaborar para o sucesso e felicidade dos que convivem ao seu lado?"

(Anthony Robbins)

10.2. Não respeitar as culturas

Uma pessoa fala "oxente", a outra fala "uai" e o outro fala "meu". São apenas variantes linguísticas de algumas regiões do nosso país, mas que, em alguns casos, dizem muito sobre a cultura das populações.

A regra vale também para o ambiente organizacional. Muitas vezes, é preciso respeitar a cultura local, a história e a identidade de uma empresa. Eu já tive a oportunidade de trabalhar em três organizações do sistema Coca-Cola. E não é porque são filiais que elas têm os mesmos costumes, os mesmos programas e benefícios. Cada empresa tem uma alma, uma vida, uma cultura. Isso porque elas são compostas por pessoas, que pensam e agem de forma diferente.

Em uma mesma cidade, você pode encontrar empresas que atuam no mesmo ramo, mas que são infinitamente diferentes na sua forma de gestão. Isso é muito comum. Portanto, a regra geral é: respeite a cultura das organizações.

É por isso que, em muitos processos seletivos, são avaliados os valores de cada candidato. Afinal, as empresas devem se adaptar aos indivíduos, ou as pessoas devem ter ideais e características compatíveis com a empresa? O que é mais fácil? Os desejos individuais precisam estar alinhados com ambientes motivacionais.

10.3. Não pensar sistemicamente

Se você sai de casa todos os dias, faz sempre a mesma coisa e acha que está seguro porque domina o seu trabalho, está enganado. Esse é um dos principais erros dos profissionais no mercado. Afinal,

"se há algum segredo de sucesso, consiste na habilidade de aprender o ponto de vista da outra pessoa e ver as coisas tão bem pelo ângulo dela como pelo seu".

(Henry Ford)

As empresas esperam que seus funcionários tenham visão sistêmica, entendam do negócio, conheçam outras áreas e processos da organização. Dominar a sua atividade é o "arroz com feijão". Digo algumas vezes para a minha equipe que esse é o "pretinho básico", ou seja, não é o diferencial de uma tarefa ou um cargo.

Quanto maior for a sua visão e o seu aprendizado, melhor será para você e a empresa. Você certamente terá mais conhecimento sobre as atividades da organização, estará cada vez mais preparado para o seu trabalho (inclusive para uma promoção) e terá ideias mais inovadoras e criativas sobre os processos da empresa. Portanto, essa é uma relação de "ganha-ganha". Você aprende e se prepara para futuras oportunidades na organização, e a empresa terá um funcionário mais produtivo e que gera resultados cada vez melhores.

Uma dica: mexa-se! Saia da sua mesa de trabalho, visite outros setores da empresa, conheça pessoas e seja curioso!

10.4. Valorizar pouco a habilidade de relacionamento

O bom relacionamento no ambiente de trabalho é, sem dúvida, uma das características fundamentais para o seu sucesso e a sua ascensão profissional. As empresas valorizam, cada vez mais, essa característica na hora de contratar ou manter um funcionário na equipe.

Não se trata de bajular ou "puxar saco" da sua liderança ou colegas de trabalho. Trata-se da habilidade de negociação, de saber comprar e vender ideias, e identificar o momento de fazer parcerias internas para conseguir a aprovação de um importante projeto.

Parece fácil, mas não é. A maior parte dos casos de demissão é causada pelo mau relacionamento na empresa. Muitas pessoas não sabem ouvir e respeitar a opinião das outras. Isso atrapalha (e muito!) o ambiente, a qualidade e a produtividade do trabalho. Pense nas vezes em que você se envolveu numa discussão com um colega apenas para defender seu ponto de vista. Ouça as outras pessoas e tente entender as diferentes opiniões. No mínimo, você aprenderá com elas!

Há duas características essenciais nas pessoas que se mantêm por longos períodos nos seus empregos, sem perder a felicidade neles: relacionamento e disponibilidade. Sabe aquela tarefa que ninguém quer fazer? Tem gente que está sempre disponível.

10.5. Não acreditar no potencial de todos

Todas as pessoas, sem exceção, têm potencial de crescimento. Se você der uma oportunidade, elas, muitas vezes, vão surpreendê-lo. Em alguns casos, é só isso que falta (a oportunidade) para muitos funcionários mostrarem do que são capazes.

Pode ser o porteiro, o aprendiz, o estagiário, o operador, o assistente ou qualquer outro empregado da sua organização. Faça com que ele entenda o que está fazendo, conheça outras atividades e setores da empresa e dê oportunidades para que ele possa aprender e crescer. Ele certamente vai valorizar e retribuir a sua atitude! Treinamento faz milagres!

Um empregado que exerce atividades importantes fora da empresa é geralmente tratado como um pobrezinho, um coitadinho, nas organizações. Muitas vezes, ele é um simples auxiliar de produção, mas na sua comunidade é um líder, um grande artesão, um artista, um presidente de associação de bairro etc.

"Se você é proativo, você não tem que esperar por circunstâncias ou outras pessoas para criar perspectiva expandindo experiências. Você pode conscientemente criar por você mesmo."

(Stephen Covey)

10.6. Não conhecer dificuldades *in loco*

Quantas vezes, no último mês, você já saiu da sua sala e foi visitar os setores para conversar com outros empregados da empresa? Você sabe quais são as principais reclamações dos seus vendedores? Que tipo de dificuldade seus funcionários enfrentam no dia a dia? Se você não souber responder a essas perguntas "na ponta da língua", pode estar investindo tempo, esforço e dinheiro no local errado.

Como você vai conhecer as dificuldades da sua equipe sem estar próximo dela? Impossível! Portanto, como gestor ou profissional de RH, você deve ser atuante, mostrar-se aberto para ouvir possíveis críticas e sugestões dos funcionários e procurar resolver os problemas. Quando isso não for possível, explique o motivo a todos os envolvidos. Transparência é vital, e não pode ser uma porta de vidro trancada.

A maior parte das reclamações dos empregados é simples e fácil de resolver. Se você agir com clareza e justiça, com certeza, eles terão muito mais credibilidade na sua empresa.

A mesma regra vale para o relacionamento com os clientes. Afinal,

"se o cliente reclama, sorte sua. É uma chance para você descobrir qual é o problema dele. E resolvê-lo".

(Luiza Helena, do Magazine Luiza)

10.7. Acreditar no acaso, destino, dom...

Alguma vez uma boa oportunidade bateu na sua porta? Quantas vezes você já desejou que alguma coisa acontecesse e ela, como num passe de mágica, foi realizada? Se você disser que sim, aconselho que jogue na Mega-sena, porque você é uma pessoa de sorte!

As coisas não acontecem por acaso. Você sempre colherá os frutos do seu esforço, da sua dedicação, do seu trabalho e das oportunidades que, muitas vezes, você mesmo criará. Não espere o ano passar para traçar objetivos para a sua vida. Pense neles agora e estabeleça metas para cumpri-los!

Se você pensa em ser promovido daqui a dois ou três anos, comece já a pesquisar o que precisa desenvolver para ocupar um novo cargo. Lembre-se de que, muitas vezes, são exigidos conhecimentos que não são adquiridos de um dia para o outro, como o inglês e a informática.

Não acredite no acaso, acredite em você!

"Concentre-se em seus pontos fortes e coloque-se onde eles possam produzir bom desempenho e bons resultados."

(Peter Drucker)

10.8. Ter medo

O medo é paralisante. Não tenha medo dos desafios, das oportunidades, da mudança. Esse é um sentimento que está dentro de você e ninguém mais poderá combatê-lo.

Você tem medo de perder o emprego? Então, prepare-se para isso. Mantenha-se empregável. Normalmente, quem se prepara, nunca é demitido.

O que o deixa inseguro é a falta de certeza? Infelizmente, nada é certo e imutável. No entanto, não adianta ter medo; pelo contrário, muitas vezes, ele só vai atrapalhar os seus planos e projetos de vida. Arrisque-se! Tente fazer as coisas de forma diferente! Vença os medos! No mínimo, você aprenderá com seus erros e acertos, e estará mais preparado para os próximos desafios. Lembre-se:

"Nossos fracassos, às vezes, são mais frutíferos que os êxitos".

(Henry Ford)

Além disso, quando enfrentamos um problema, ele fica menor.

10.9. Ser preconceituoso

Imagine que chato seria se todas as pessoas fossem iguais a você! O mesmo jeito de vestir, de falar, de andar e agir. Todos teriam os mesmos desejos, o mesmo gosto, as mesmas preferências... Que graça teria?

A grande magia da vida pessoal (que inclui a profissional) está em saber administrar as diferenças. Nem mesmo gêmeos idênticos têm os mesmos gostos e jeitos. Então, por que as outras pessoas deveriam pensar e agir como você? Por que deveriam ter a mesma religião, a mesma cor, raça e opção sexual?

Pense nisto: convivendo com pessoas diferentes, você aprenderá muito mais! Abra a sua cabeça!

10.10. Chamar empregados de colaboradores ou associados

Não sei por que, algum dia, inventaram que os funcionários devem ser chamados dessa forma. Empregados são empregados, e pronto!

Eles colaboram para a sua empresa crescer e gerar lucro? Sim, mas recebem para isso e são contratados pela sua organização. Então, são empregados e têm uma relação de troca com a empresa. Eles fornecem conhecimentos, habilidades e atitudes em troca de remuneração no fim do mês. A companhia, por sua vez, contrata os empregados para conseguir produzir ou prestar os seus serviços e, com isso, ter lucro.

Acredito que colaborador é quem trabalha sem remuneração (em ONGs, por exemplo) e associados são os sócios do empreendimento. O fato de receberem participação nos resultados não os torna sócios.

10.11. Perder tempo com burocracia

Você e sua equipe precisam ter tempo para pensar! Um grande erro das organizações é manter burocratas e antigos processos em funcionamento. As pessoas mudaram, os processos mudaram e o ritmo agora é outro! Se você perder tempo com burocracias, não terá espaço na sua agenda para pensar e desenvolver os projetos mais importantes.

Pense em todas as atividades do seu setor e tente descobrir formas mais práticas de desenvolvê-las. Certamente, você encontrará alguns processos e tarefas que pouco contribuem para o seu negócio e que ocupam muito tempo do seu dia.

Conheço empresas que montaram um grupo de "antiburocracia". Pessoas de setores diferentes se reuniam e discutiam formas de melhorar alguns procedimentos da organização. O resultado foi excelente: elas conseguiram otimizar tempo e orçamento de toda a empresa.

"A estratégia é a ciência do emprego do tempo e do espaço. Sou menos avaro com o espaço do que com o tempo. O espaço pode ser resgatado. O tempo perdido, jamais."

(Napoleão Bonaparte)

10.12. Não pensar em lucro

Qual é o grande objetivo da sua empresa? É claro que é o lucro. Então, se você trabalha no RH ou em qualquer outra área da companhia, seu objetivo também deve ser esse.

As pessoas se enganam ao pensar que apenas a equipe de vendas é responsável pelo lucro das empresas. Se fosse assim, por que motivo você estaria empregado? Seria apenas para dar mais despesa? É óbvio que não. A sua atividade, direta ou indiretamente, tem de contribuir para gerar lucro para a organização. Só assim ela será valorizada na empresa.

O lucro é justo e gerador de riquezas e empregos. Ele só é um conceito negativo quando não é compartilhado por quem o produz.

Por isso, você deve tentar mensurar os resultados gerados pela sua área e mostrá-los para os demais setores da empresa, principalmente para a alta direção. Que problema há em fazer marketing pessoal ou do RH? Está aí outro grave erro: se seu trabalho gera resultados e contribui para o negócio, não há mal nenhum em mostrar isso para a organização. Você certamente será mais valorizado!

10.13. Começar pelo fim

Já dissemos, no início deste livro, sobre os preparativos de uma viagem. E como o nome (preparativos) já diz, há uma série de etapas que devem ser cumpridas para que seu objetivo seja alcançado com sucesso.

Por isso, não comece as coisas pelo fim! Planeje e cumpra as etapas de execução dos projetos (sem ficar engessado, é claro).

Não adianta, por exemplo, tentar lançar vários projetos na organização, sem, primeiro, definir a estratégia, o diagnóstico, o modelo de gestão, o foco, as políticas e os principais objetivos da sua área. Esses passos são fundamentais! Antes de "colocar a mão na massa", saiba os motivos daquele programa e tente prever os resultados que ele vai gerar para a empresa. Depois será mais fácil saber se ele está dando certo ou não.

10.14. Querer mudar a empresa sem preparar líderes

"Você terá alcançado a excelência como líder quando as pessoas o seguirem a qualquer lugar, nem que seja por curiosidade."

(Colin L. Powell, ex-secretário de Defesa americano)

Coragem para o novo, visão, conhecimento claro das estratégias e metas da empresa são fundamentais para o líder e sua equipe no momento de mudança de rumos. Afinal, todo processo de mudança passa, primeiramente, pela preparação de líderes.

Se sua empresa quer estar alinhada com as mais modernas estratégias de gestão, prepare seus líderes para isso. Mostre o caminho, estimule o *benchmarking*, disponibilize cursos de atualização e demonstre para as lideranças como elas são importantes no processo de mudança.

São eles que irão repassar as novas estratégias da empresa para os demais funcionários, irão gerar ambiente motivador e preparar as pessoas para entenderem os objetivos da organização. Portanto, todos são fundamentais, principalmente os líderes.

Você já percebeu que 80% dos líderes das empresas não são treinados para serem líderes? Geralmente, eles copiam o estilo de gestão do chefe anterior.

10.15. Valorizar os *trainees* e esquecer as "pratas da casa"

Tão importante quanto selecionar é reter talentos na empresa. Não adianta trazer bons profissionais para sua organização, se você não conseguir mantê-los. Nos últimos anos, com a "moda" dos programas de *trainees*, muitas empresas se esqueceram de que têm de continuar investindo no treinamento e desenvolvimento dos antigos funcionários.

Lembre-se: todos os empregados (os mais jovens e os mais experientes) são importantes para o sucesso da sua empresa. Os recém-formados, muitas vezes, chegam cheios de energia e vontade de inovar, mas têm pouca experiência e maturidade para lidar com certas situações do dia a dia. Os "pratas da casa" já vivenciaram e aprenderam a contornar diversos tipos de problema, e isso é também um grande valor.

Para ser justo e ter mais chance de acerto, não valorize pelo tempo de casa ou pela idade do funcionário. Dê valor ao que cada um faz de melhor e ao resultado que seus empregados trazem para a empresa.

10.16. Achar que a empresa é uma grande família

Você pode gostar muito do seu ambiente de trabalho, sentir-se à vontade e feliz com seus colegas, mas ele sempre será o local do seu "ganha-pão". A empresa não é uma grande família. Você tem de atingir metas, gerar resultados e produzir, senão, tchau!

Na empresa, na maioria dos casos, as pessoas não fazem parte do seu ciclo de amizades ou da sua família. Eles são seus colegas de trabalho e estão ali não porque você os escolheu, mas porque a empresa os selecionou.

Para produzir e gerar bons resultados, os empregados não têm, obrigatoriamente, de ter uma relação de amizade uns com os outros. Eles devem ter uma relação de respeito, comprometimento, parceria e ajuda mútua. Nesses casos, a vida íntima e os problemas particulares pouco importam.

Manter um bom nível de relacionamento com seus colegas de trabalho é fundamental, mas não ache que a empresa é uma grande família. Empresa é empresa; família é família.

Quando sai para jantar fora, você procura um restaurante de "comida caseira"? Eu não, comida caseira eu já tenho em casa.

INDICADORES DE RH

Processo	Indicador	Unidade Medida	Memória de Cálculo	Fonte
Pessoas	*Headcount* Próprio	Und.	Número total de funcionários do mês	Resumo da Folha
	Estagiários	Und.	(Número de Estagiários x 100)/*Headcount* próprio do mês	Controle Interno
	Afastamentos por aux. doença	Und.	Número total afastamentos justificados por auxílio doença	Controle Interno
	Afastamentos por acidente de trabalho	Und.	Número total afastamentos justificados por acidente de trabalho	Controle Interno
	Afastamentos por licença	Und.	Número total afastamentos justificados por licença maternidade	Controle Interno
	Maternidade retorno ao trabalho	Und.	Número total de funcionários que retornaram ao trabalho após afastamento pelo INSS	Controle Interno
	Headcount terceiros (processos legalizados)	Und.	Números total de funcionários terceiros com toda a documentação conferida pelo RH	Controle Interno
R&S e T&D	Nº Contratações	Und.	Número de pessoas contratadas no mês	Sistema de *Workflow* (finalizados)
	Tempo médio mensal de contratações	Dias	Somatória dos tempos de contratação dos funcionários no mês/nº de contratações do mês	Controle Interno
	Recrutamentos com recursos internos	Und.	Número total de contratações realizadas com recurso Norsa, sem auxílio da consultoria	Controle Interno
	Hora de treinamentos realizados	Und.	Somatória dos tempos de treinamentos realizados na unidade durante todo o mês	RM
Demissão	Nº desligamentos	Und.	Números de funcionários demitidos no mês	Sistema de *Workflow* (finalizados)
	Realização das entrevistas de desligamento	Und.	Número de entrevistados x 100)/Número de desligados	Controle Interno
	Turn over-fábrica	%	(Número de desligados x 100)/*Headcount* próprio do mês	Controle Interno

Continua

INDICADORES DE RH (Continuação)

Processo	Indicador	Unidade Medida	Memória de Cálculo	Fonte
SESMT	Absenteísmo	%	O absenteísmo constitui a soma dos períodos em que os funcionários se encontram ausentes do trabalho, seja ela por falta ou algum motivo de atraso (não considerar os acidentes do trabalho em função de ser contemplado no cálculo da taxa de gravidade) – calcula-se o total de horas de faltas e atrasos divdas pelas quantidade de horas homem trabalhadas vezes 100, pode-se utilizar a seguinte fórmula: * Número de horas de faltas e atrasos/HHT x 10	Controle Interno
	Qte de Acidentes Com Afastamento (ACA)	Und.	Número de acidentes com afastamentos	Controle Interno
	Qte de Acidentes Sem Afastamento (ASA)	Und.	Número de acidentes sem afastamentos	Controle Interno
	Cumprimento dos exames periódicos	%	(Número de exames realizados x 100)/Número de exames previstos	Controle Interno
Cumprimentos Legais	Portadores de necessidades especiais	Und	(Número de PNE'S x 100)/Headcount próprio do mês	Controle Interno
	Jovem aprendiz	Und	(Número de Jovens Aprendizes x 100)/Headcount próprio do mês	Controle Interno
	Estáveis	Und	Número total de funcionários com estabilidade	Controle Interno
	Notificações recebidas por órgãos Trabalhistas	Und.	(CIPA, Sindicato, Acid. Trabalho, etc..).	Livros de inspeção e notificações
	Processos trabalhistas (em andamento)	Und.	Número de autuações e ou notificações recebidas por órgãos oficiais Número de processo em trâmite	Jurídico
DP	Programação de Férias	%	(Número de férias efetivadas x 100) / Número de férias programadas	Controle Interno
	Horas Homem Trabalhadas (HHT)	Horas	Total de horas (inclusive as extras) de funcionários trabalhadas no período.	Controle Interno
	Rescisões Complementares	Und	Números rescisões complementares realizadas no período	Controle Interno
Custos	Transportes	R$	Valor pago	Nota Fiscal e Rateio de Pedido
	Vales Transportes	R$	Valor pago	Nota Fiscal e Rateio de Pedido
	Ticket	R$	Valor pago	Nota Fiscal e Rateio de Pedido
	Cesta Básica	R$	Valor pago	Nota Fiscal e Rateio de Pedido
	Refeitório	R$	Valor pago	Nota Fiscal e Rateio de Pedido
	Plano de Saúde	R$	Valor pago	Nota Fiscal e Rateio de Pedido
	Plano Odontológico	R$	Valor pago	Nota Fiscal e Rateio de Pedido
	Horas Extras	R$	Valor pago	Nota Fiscal e Rateio de Pedido
	Consultoria R&S	R$	Valor pago	Nota Fiscal e Rateio de Pedido
	Exames Admissionais, Demissionais e Periódicos	R$	Valor pago	Nota Fiscal e Rateio de Pedido
	Medicamentos	R$	Valor pago	Nota Fiscal e Rateio de Pedido

Se você achar um funcionário motivado, inovador, disciplinado, atuante e sempre envolvido com o negócio da organização, por favor, me dê o currículo dele, porque quero contratá-lo na minha empresa.

Wellington Maciel

Conclusão

Não são apenas 30 anos de vivência em RH. É mais que isso. São 30 anos de experiência de vida, de convívio com pessoas de diversas partes do país, de aprendizado com líderes e liderados, de mudanças de gestão, de aumento e redução de quadro de funcionários, de definição de estratégias e rumos das empresas.

Durante todo esse tempo, aprendi que não é preciso ter ideias "mirabolantes" e gastar fortunas com os programas e ações de RH. Pelo contrário, as ações simples são as mais eficazes, porque custam pouco e atingem maior número de pessoas. Aprendi também que todos os seres humanos são iguais no Planeta. Eles só querem um ambiente de trabalho feliz. As empresas precisam, e devem, se organizar para entender as necessidades de seus funcionários e trabalhar para criar um ambiente produtivo e agradável. Aprendi que a educação e a troca de experiências têm uma lógica própria (e inversa): quanto mais se dividem, mais crescem.

Aprendi sobre o poder de algumas palavras: *meta, entusiasmo, disciplina, atitude, inovação, modismos, estratégias, continuidade, liderança, relacionamento, disponibilidade, simplicidade e coragem*. Além disso, aprendi que é preciso ter foco, saber aonde se quer chegar e traçar objetivos de curto, médio e longo prazos. Só assim as empresas vão crescer e gerar cada dia mais lucro.

É por isso que resolvi escrever este livro. No "RH que dá lucro", você leu sobre formas simples e eficazes de contribuir para o bom resultado das empresas. Falamos da necessidade de ter as pessoas certas trabalhando com você. Elas devem ser motivadas, inovadoras, disciplinadas, atuantes e sempre envolvidas com o negócio da organização. Pensa que é fácil? É claro que não. E digo mais: se você achar um funcionário com essas características no mercado, por favor, me dê o currículo dele, porque quero contratá-lo na minha empresa.

Brincadeiras à parte, é para isso que existe a área de Recursos Humanos. Não se encontra um profissional assim no mercado. Ele pode ter algumas dessas habilidades, mas outras estão apenas em desenvolvimento ou em potencial. É você, gestor da empresa, que deve contribuir para o engajamento desse funcionário com os objetivos e os valores da organização.

Os empregados que você tem hoje na sua empresa estão em constante processo de desenvolvimento e aprendizado. Com um bom trabalho da liderança e da equipe de RH, eles estarão cada dia mais alinhados com os focos e as estratégias da organização. Portanto, além de captar talentos no mercado, é preciso saber reter os grandes profissionais que se formaram na sua empresa. Afinal, depois de investir no desenvolvimento e na capacitação das pessoas, elas se tornam ainda mais valiosas no mercado, e você não vai querer perdê-las, não é?

Essas são algumas das premissas do Modelo de Gestão que lhe apresentei, nos seus oito campos de atuação: Remuneração, Inovação, Carreira, Responsabilidade socioambiental, Educação, Comunicação, Vivência do negócio e Qualidade de vida/Benefícios. Com a definição desses campos, a empresa pode implantar diversos programas e ações, que são formas de as pessoas vivenciarem o negócio e participarem mais das estratégias da organização. E garanto-lhe: o investimento no modelo de gestão tem retorno garantido, com geração de lucro para sua empresa! A regra é: quanto mais se investe nesse modelo de gestão de RH, maior será o impacto no lucro.

No entanto, falamos de algumas etapas que devem ser seguidas, antes da implantação dos programas e ações de RH. É o passo a passo, que o ajudará a conseguir excelentes resultados em gestão de pessoas. São eles:

- 1º passo – *Estratégia:* qual o planejamento da empresa para os próximos anos?
- 2º passo – *Diagnóstico:* levante informações de todos os *stakeholders* (públicos diversos) da organização.
- 3º passo – *Focos:* onde a empresa quer focar a sua estratégia?
- 4º passo – *Modelo de gestão:* os oito campos de atuação do "novo RH".
- 5º passo – *Políticas:* quais são as regras do dia a dia?
- 6º passo – *Programas:* quais ações e projetos que vão sustentar a estratégia devem ser implantados?

Seguindo esse caminho, há grandes chances de seu negócio dar certo e ter ainda mais crescimento no mercado. Para isso, o RH deve estar envolvido em todas essas etapas e ser uma área "pensante". Como foi afirmado anteriormente, o RH "saiu da cozinha e foi para a sala"! Hoje a área ajuda a definir as estratégias da empresa e participa ativamente do negócio. Ela direciona a empresa para práticas de rentabilidade certa, como treinamentos focados em vendas, capacitação das lideranças, remuneração variável, programa de novas ideias e iniciativas que estimulam o envolvimento do funcionário com o negócio da organização (*market mindset*). Esses são exemplos de programas autofinanciáveis e simples de implantar, que exigem pouco ou quase nenhum investimento inicial.

Entretanto, todas essas ações apenas serão valorizadas pela empresa e pela alta direção se elas forem comprovadas e medidas. Por isso, a necessidade de criar indicadores de desempenho para a área de Recursos Humanos e, de tempos em tempos, fazer pesquisas de opinião com os funcionários. Afinal, o objetivo de toda organização é sempre o mesmo: o lucro. Além, é claro, da satisfação dos empregados.

Além disso, para ter sucesso, a empresa precisa dividir esse lucro com os seus funcionários. *Este é o RH estratégico: aquele que gera resultados e os compartilha.*

Políticas, Orientações e Práticas de Gestão (Exemplo)

As informações a seguir têm o objetivo de esclarecer sobre as práticas da empresa que afetam diretamente a relação entre empregados e seus líderes. A observância a estas orientações não isenta da responsabilidade de consulta às Normas e Procedimentos, Código de Conduta e Regulamentos da empresa.

Por se tratar de um resumo das Normas e Procedimentos, recomendamos a pesquisa aos documentos específicos de cada uma delas.

À medida que forem sendo implantados novos benefícios, regras ou atividades, este documento será atualizado. Por se tratar de um material interno, pode ser alterado a qualquer momento pela diretoria.

Para maior clareza, as políticas estão alinhadas em quatro grupos: Conduta/Ética, Benefícios e afins, Gestão e Programas de Desenvolvimento.

Abaixo, estão os principais tópicos de cada política. Assuntos não informados abaixo serão esclarecidos pela diretoria de RH.

Conduta/Ética

1. *Imprensa* – somente o presidente e diretores podem dar entrevistas à mídia, sempre assessorados pela área de Comunicação. A diretoria poderá indicar pontualmente empregados para esse contato.

2. *Grupos profissionais* – a empresa incentiva a participação de empregados, preferencialmente como palestrantes, em associações de classe e afins. Caso algum funcionário deseje utilizar informações da empresa para palestras, trabalhos etc. deve ter prévia autorização do representante de Ética (Código de Conduta).

3. *Visitantes legais/Fiscalizações* – recebidos pelo Jurídico e/ou Área Fiscal. No caso de fiscalizações, deverão ser encaminhados para as áreas afins.

4. *Emprego paralelo* – é permitido somente nos casos previstos no Código de Conduta; não é aceita a participação de empregado em empresas concorrentes ao nosso negócio; não é permitido também que seja sócio ou dirigente de empresa revendedora dos nossos produtos.

5. *Armários do vestiário* – poderão ser abertos em caso de auditoria e higienização, havendo comunicação prévia.

6. *Discriminação* – não haverá, em relação a qualquer condição – cor, idade, raça, religião, nacionalidade, sexo, necessidades especiais, etc. credenciadas ou se respaldadas por legislação especial.

7. *Brindes* – quem receber brinde ou entretenimento (ingressos, participações em eventos e feiras etc.) superior a R$ 50,00 (conforme Código de Conduta) deverá declarar à área de auditoria, solicitando autorização antes de aceitá-los.

8. *Vendas internas* – terminantemente proibidas de qualquer natureza, em qualquer horário ou local, por funcionários ou visitantes, exceto em eventos autorizados pela diretoria.

9. *Código de Conduta* – todos os empregados devem ler na sua admissão, assinar e cumprir. Alegar que não conhece o Código não justifica o seu descumprimento.

10. *Empréstimo de dinheiro* – não é permitida a prática nas dependências da empresa.

11. *Relacionamentos pessoais* – tendo em vista o conflito de interesses pessoais *versus* profissionais, não são permitidos relacionamentos onde haja subordinação direta ou indireta.

Benefícios e afins

12. *Salários e benefícios* – qualquer alteração somente ocorrerá após aprovação das diretorias de RH e diretoria respectiva, conforme normas do plano de Cargos e Salários. Todos os benefícios custeados pela empresa devem ser também, em parte, custeados pelos empregados, exceto nos casos previstos em acordo ou convenção coletiva.

13. *Empregados afastados* – permitido o uso da assistência médica da empresa através do plano de saúde durante o período de afastamento. Para os casos de acidentes de trabalho, os custos com assistência médica necessária (medicamentos, aquisição de equipamentos como muletas, cadeiras de rodas etc.) poderão ser assumidos integralmente pela empresa, limitados ao valor de um salário mínimo por mês, com a devida comprovação médica.

14. *Assistência médica e assistência odontológica* – para todos os empregados, sempre com coparticipação através dos convênios.

15. *Seguro de vida em grupo* – para todos os empregados e estagiários.

16. *Alimentação* – em refeitório nas unidades. Voucher/cartão eletrônico para quem trabalha externamente ou em unidades que não possuam refeitórios.

17. *Convênios* – sempre que possível, a empresa manterá parcerias/convênios para compra de óculos, medicamentos, material de construção, cursos de inglês, faculdades, cursos de informática, restaurantes, academias de ginástica e outros.

18. *Material escolar* – a empresa reembolsará o empregado após entrega ao RH de documentos comprobatórios, conforme disposição de Acordo Coletivo.

19. *Empréstimos* – somente através de convênios com bancos, pelo sistema de crédito consignado.

Gestão

20. *Carta de recomendação para ex-empregados* – a empresa avaliará cada caso; não há obrigatoriedade. Somente o Departamento Pessoal pode emitir essas cartas, e as informações devem refletir apenas o disposto na Carteira de Trabalho do ex-empregado.

21. *Pesquisa de clima organizacional* – realizada anualmente pela diretoria de RH, tendo seus resultados divulgados até 30 dias após.

22. *Pesquisa salarial e de benefícios* – realizada anualmente; os diretores têm acesso às tabelas das suas áreas.

23. *Promoções* – não são permitidas promoções verticais ou horizontais com menos de seis meses da última alteração de cargo ou salário.

24. *Readmissões* – permitidas após 6 meses e após avaliação de RH e gerências, inclusive a Jurídica.

25. *Movimentações* – em todas as movimentações entre gerências é necessária avaliação interna com parecer da área de R&S.

26. *Estágio* – período de estágio não poderá ser superior a dois anos. Estagiários não podem dirigir veículos da empresa.

27. *Desligamento* – no retorno de férias deverão ser evitados. As exceções deverão ser analisadas entre as gerências, de RH e da área envolvida.

28. *Seleção de pessoal* – toda vaga deve ser divulgada internamente por três dias úteis, exceto nos casos previstos nos planos de desenvolvimento (estagiários, *trainees*, plano de carreira e vagas de extrema dificuldade no mercado local).

29. Quando não houver candidatos internos aptos à vaga, a seleção será divulgada externamente. Não são permitidos "convites" a funcionários por parte do requisitante. É proibida contratação de parentes na mesma gerência.

30. Prazo para preenchimento de vagas é de 15 dias com a requisição devidamente aprovada. Para cada vaga, o RH enviará três candidatos para entrevista final com o gestor. Empregados aprovados devem ser liberados em até 20 dias.

31. Somente gerentes e diretores podem aprovar *workflows* (desligamento/requisição). O RH confirmará se o mesmo está dentro das normas específicas.

32. O salário de contratação será definido pelo respectivo diretor, em conjunto com o RH, respeitando-se a tabela salarial.

33. *Transferências* – a empresa não transfere seus empregados, exceto gerentes e coordenadores. Candidatos não terão acesso à política de transferência. Não serão realizadas transferências sem o trâmite legal, bem como qualquer pagamento retroativo ao processo.

34. Requisições abertas há dois meses e que estejam pendentes no requisitante serão canceladas.

35. *Terceiros* – só contratados e mantidos nas dependências da empresa, se apresentarem, mensalmente, as guias de recolhimento de impostos e contribuições pagas, assim como fornecer e fiscalizar a utilização de EPIs e cumprirem as normas de Segurança. É obrigatório treinamento de integração de Segurança do Trabalho antes de iniciar os serviços.

36. *Frequência* – registro de horário para todos, exceto coordenadores, gerentes e diretores, assim como funcionários que têm jornadas de trabalho externas.

37. *Horas extras* – recomenda-se a execução máxima de duas por dia, conforme a CLT.

38. *Crachá* – uso obrigatório em local visível, dentro da empresa e em visitas externas.

39. *Acordos* – a empresa não faz acordos para demissão.

40. *Vestimentas* – aos sábados, bermudas longas são permitidas no local de trabalho, desde que devidamente autorizado pela área de Segurança do Trabalho.

41. *Necessidades especiais* – a empresa incentiva a contratação de pessoas com necessidades especiais e cuida dos seus acessos aos locais de trabalho, garantindo o cumprimento da legislação pertinente ao assunto.

42. É obrigatória a utilização de EPIs e a obediência às Normas de Segurança, independentemente do cargo ou função; a inobservância a estas instruções pode ser considerada falta grave e é passível de punição: desde suspensão até demissão por justa causa.

43. É expressamente proibida a entrada de empregados, em gozo de férias, nas dependências da empresa, salvo aqueles com autorização da diretoria.

Programas de Desenvolvimento

44. *Educação* – a empresa envidará esforços para estabelecer convênios com faculdades para concessão de descontos, e adiantará em janeiro a 1ª parcela do 13º salário para pagamento de mensalidades de empregados universitários.

45. *Jornais e revistas técnicas* – gerentes poderão assinar, com limite anual de R$ 500,00 por gerência; as revistas deverão ter relação direta com a atividade da área; unidades podem assinar um jornal local e um jornal estadual.

46. *Inglês* – a empresa facilita o acesso de seus funcionários a cursos de inglês através de parcerias com instituições e subsídio de parte da mensalidade de cursos *in company* ou regulares. O convênio é acessível a todos os funcionários e o subsídio é definido por indicação da diretoria.

47. A realização de todo e qualquer treinamento na empresa deve ser solicitada à diretoria de RH.

Depoimento

Eu fui um "pai-trocinador" do novo RH da empresa

Nos últimos cinco anos, vi a Coca-Cola Minas Gerais (Remil) passar por grandes transformações. Otimizamos nossa rede de centros de distribuição, instalamos novas linhas de produção, investimos em tecnologia, modificamos o sistema de entregas da empresa e promovemos grandes – e importantes – transformações na nossa forma de execução de mercado. Tudo isso foi e ainda está sendo fundamental para o sucesso da organização. No entanto, destaco uma importante mudança dos últimos anos: a criação de uma diretoria de Recursos Humanos.

Até julho de 2005, a área de RH estava ligada à diretoria administrativo-financeira da empresa. Havia cerca de 15 pessoas no setor, que eram responsáveis por treinamentos específicos, programas assistenciais, ações de responsabilidade social, segurança do trabalho e outras demandas, com um foco essencialmente operacional. Diante do desafio que tínhamos à frente, era crítico o desenvolvimento da nossa equipe. Portanto, resolvi investir mais na área. A primeira mudança foi a contratação de um diretor de RH. Assim, a área seria vista de forma estratégica na empresa, participaria das grandes decisões da organização e teria mais liberdade e autonomia para criar programas e ações com foco no nosso público interno.

Wellington Maciel, até então gerente corporativo de RH da Coca-Cola Pernambuco, foi convidado a assumir o cargo. Ele havia desempenhado um excelente trabalho na empresa naquele estado e foi um dos responsáveis pela reviravolta administrativa sofrida pela companhia entre 2004 e 2005, sob a gestão do diretor-geral João Marcelo Ramires. Além disso, Wellington tinha energia, vontade e atitude, características fundamentais para um líder. Ou melhor, para "o líder" que iria ajudar a mudar a cara da nossa empresa.

Logo na primeira semana de trabalho, Wellington me perguntou: "O que você espera de um diretor de RH?" Respondi que gostaria de ver as pessoas motivadas, sendo remuneradas não só através de salário, mas também com participação clara nos lucros da Remil e com perspectivas definidas de carreira. Um lugar a ser escolhido para trabalhar, uma empresa onde as pessoas se sentissem felizes. Afinal, só assim conseguiríamos alcançar resultados ainda melhores e seríamos considerados pelos funcionários como um excelente lugar para crescer. Enfim, queria ser uma empresa de "Classe Mundial".

Minha expectativa, aos poucos, foi sendo cumprida. Eu sabia que o novo RH faria muito pela Coca-Cola, mas não esperava que isso acontecesse com tanta rapidez. Após um ano, nossa empresa tinha outra cara: a cara do sucesso.

O resultado foi surpreendente: entre 2005 e 2006, nossa empresa teve um incremento destacado no lucro (tendência confirmada em 2007). Obviamente, isso não foi consequência exclusiva dos programas de gestão implantados, mas não tenho dúvida do papel decisivo do RH. Hoje, somos considerados mundialmente como um dos principais engarrafadores da Coca-Cola e referência de gestão para muitas empresas de nosso estado. Além disso, fomos reconhecidos nacionalmente com importantes prêmios na área de Recursos Humanos. Em 2005, vencemos o "Prêmio Ser Humano", da ABRH (MG), na categoria Gestão de Pessoas. Em 2006, além do prêmio regional, fomos vencedores da categoria Educação Corporativa do "Prêmio Ser Humano" nacional.

Recebemos muitas visitas, tornamo-nos *benchmark* dentro e fora do Sistema Coca-Cola. Temos ainda um enorme e desafiador caminho pela frente, mas as bases estão estruturadas.

Hoje, todos os nossos gestores pensam em pessoas em primeiro lugar. Nossos líderes estão mais bem preparados. A equipe de vendas e de entregas também. E todos os empregados pensam no negócio Remil e nos seus quatro focos: vender, liderar, remunerar e distribuir.

Utilizando as palavras do Wellington: eu fui o "pai-trocinador" do novo RH da empresa. E me orgulho de dizer isso, porque estamos num momento de ascensão, de desenvolvimento das pessoas, de inovação e, é claro, de aumento dos lucros. Eu acreditei e investi no RH estratégico e agora estou colhendo bons resultados.

Ricardo Botelho,
ex-presidente da Coca-Cola MG
e atual presidente da Coca-Cola Femsa Brasil.

Todas as telas apresentadas neste livro tiveram sua publicação autorizada pelas organizações citadas no mesmo, assim como os autores permitiram a divulgação dos seus comentários.

QUALITYMARK EDITORA

Entre em sintonia com o mundo

QualityPhone:

0800-0263311

Ligação gratuita

Qualitymark Editora
Rua Teixeira Júnior, 441 – São Cristóvão
20921-405 – Rio de Janeiro – RJ
Tels.: (21) 3094-8400/3295-9800
Fax: (21) 3295-9824
www.qualitymark.com.br
e-mail: quality@qualitymark.com.br

Dados Técnicos:	
• Formato:	16x23
• Mancha:	12x19
• Fonte:	Myriad Pro
• Corpo:	11
• Entrelinha:	13
• Total de Páginas:	168
• Lançamento:	Agosto de 2011
• Gráfica:	Vozes